本当は大切なのに
誰も教えてくれない
VUCA《ブーカ》時代の
仕事のキホン

河野英太郎

PHP

はじめに

現代社会は、**「VUCA《ブーカ》」**と呼ばれる環境に置かれています。
VUCAとは、

「Volatility」（変動性）
「Uncertainty」（不確実性）
「Complexity」（複雑性）
「Ambiguity」（曖昧性）

の頭文字を取った言葉で、**あらゆるものを取り巻く環境が複雑性を増し、想定外の事象が次々と発生するため、将来の予測が困難な状態**を指す言葉です。

「変化が激しい」「先が見えない」とはいつの時代も言われることですが、5〜10年前に比べて、現在は明らかにVUCAの度合いが加速しています。

その理由の1つは、テクノロジーが進化するスピードが猛烈に上がっていることでしょう。その結果、世の中の仕組みやルールが目まぐるしく変わるようになり、ますます先行きが見通せなくなってきたのです。

そんななか、ビジネスシーンにおいても、このVUCAという言葉を、たびたび耳にするようになりました。

この新しい現実を前にして、今のビジネスパーソンは、主に次の2つのタイプのどちらかに分かれているように思います。

1つは、**周りの変化が、単に景色になってしまっていて、自分も変化しなければならないことを自覚できていない人たち。**

「今までこのやり方でうまくいったのだから、きっと大丈夫だろう」という思いが根底にあり、今も昔と同じやり方で仕事をし続けています。

しかし、こういった人は、多くの場合、新しい現実を直視していない場合も多い。心のどこかに不安があり、それゆえ、仕事のやり方を変えられずにいます。

もう1つは、変化に過剰に反応し過ぎている人たち。

「環境が激変する今こそ、変革が必要だ」と声高に主張し、革新的な働き方や考え方を次々と提唱しています。

しかし、こちらはこちらで、変革を急《せ》かすあまりに本質を見失い、人々を煽《あお》るような過激な言説に走っている傾向があるように思います。

その結果、主張にも具体性や現実性を欠いていて、「視点は良いのに、もったいない」と思うこともしばしばあります。

いずれにせよ、ある種の思考停止に陥ってしまっているような気がするのです。

私自身は、このVUCA時代について、次のように考えています。

1. 仕事の本質は大きく変わっていない
2. しかし、その形式は大きく変わっているつまり、ＶＵＣＡ時代には、**これまでの仕事の形式を刷新しつつも、地に足の着いた仕事のやり方が求められている。**そして、この両者のバランスをうまく取って働けるビジネスパーソンが増えていく必要があると思っています。

だからこそ、そんな新しい時代に必要とされる仕事のやり方をまとめることに、意義があると考えました。タイトルの『本当は大切なのに誰も教えてくれない　ＶＵＣＡ時代の仕事のキホン』には、そんな思いを込めています。

イノベーションは「小さな工夫」から始まる

ＶＵＣＡを語るとき、求められる要素としてセットのように出てくるのが、「イノベーション」という言葉です。

多くの人は、イノベーションと聞くと、何か大それた変化を想像しがちです。

しかし、私自身は**「イノベーションは、小さな工夫の積み重ねからこそ生まれる」**と考えています。

たとえば、これまで1時間かかっていた会議を、45分でやるようにする。

いつもより少しだけ早めに、ホウレンソウするようにする。


一つひとつの変化を見ると、小さな変化に過ぎません。

しかし、これらの「小さな工夫」が積み重なることで、結果的に大きな変化が生まれます。これが、「現実的な」イノベーションの本質です。

つまり、イノベーションといっても、必ずしも「飛び道具」が必要なわけではなく、「日々の小さな工夫の積み重ね」によって成立しているのです。


ちなみに、イノベーションは日本語で「革新」などと訳されますが、アイビーリーグの大学の日本語学科で教鞭を執る、知り合いの米国人の方は、「イノベーションの訳は〝工夫〟がしっくり来る」とおっしゃられていました。これを聞いたとき、とても納得した記憶があり、今でもこの考え方を大切にしています。

ここでいう小さな工夫が、本書でお話しする「キホン」です。

新しい時代にかなった「キホン」ができていれば、最終的にイノベーションが生まれる可能性は高まります。一方で、この「キホン」をおろそかにすると、偶然の一発に頼るしかなくなってしまいます。

だから、私はこのＶＵＣＡの時代にこそ、「キホン」に立ち返るべきだと考えています。

ＶＵＣＡ時代、４つの「新しい現実」

本書では、そんなこれからの仕事の「キホン」について、ＶＵＣＡ時代に到来した４つの「新しい現実」に即して語っていきます。

第１章のテーマは、「限られた時間で成果を出す」。

かつての日本企業では、「残業してでも、とにかく成果を出す」という風潮が一般的でした。しかし、今は残業自体が禁止され、限られた時間のなかで、効率良く成果を出すことが求められています。そこで、最小限の投資で最大の成果を出すための、「生産性」アップのキホンをご紹介します。

第2章のテーマは、**「答えのない問いに答えを出す」**。

一昔前までは、与えられた仕事を淡々とこなしていれば、誰にも文句は言われませんでした。しかし、今は上司も含め、誰も答えを持っていません。そんななかでも、筋の良い解答を導くための「問題解決」のキホンについて述べます。

第3章のテーマは、**「多様なメンバーをまとめる」**。

メンバーの多様性が増し、さまざまな価値観が職場にあふれる現在、自分のやったことをそのまま部下に教える指導スタイルは、もはや通用しません。そんな多様なメンバーをまとめる「リーダーシップ」のキホンについて、第3章では述べていきます。

第4章のテーマは、**「働き方の持続可能性《サステナビリティ》を高める」**。

ある1つの組織の価値観を順守し、そこで定年まで働いていれば良い時代は終わりました。現代では、どんな組織、どんな環境でも働き続けられる「持続可能性」が問われています。第4章では、長く働ける自分をつくるための「自己投資」のキホンを述べます。

最後に、私の紹介をさせてください。

私は、日本ＩＢＭで働くかたわら、「ホワイトカラーの生産性向上」をテーマに、発信活動をしています。具体的には、本を出版したり、経営大学院で教壇に立ったり、自分で会社を経営したり、いわゆる「複業」をしています。

その間、さまざまな世代やコミュニティの個性あふれる方々とのご縁に恵まれ、一緒に仕事をしてきました。そして、一貫した私のクセなのですが、その人たちの働き方をつぶさに観察してきました。

そんななかで気づいた「生産性を上げる、ちょっとした働き方の工夫」についてまとめた『99%の人がしていないたった1%の仕事のコツ』『同リーダーのコツ』『同メンタルのコツ』シリーズは、おかげさまでシリーズ140万部超のベストセラーとなりました。

もちろん、本書でも、その主張の軸は変わりません。

つまり、ちょっとした言い方や依頼の手順、少しの工夫だけで、生産性は劇的に向上する、ということです。

本書は、時代に遅れたくないと思っている＝これからの仕事のやり方に悩んでいる方に、ぜひ読んでほしいと考えています。その上で、「ちょっとした仕事の工夫」のなかに、これからの時代を生き抜くヒントがあることを、感じ取ってほしいと思っています。

ＶＵＣＡ時代の仕事のキホンを知ることは、きっとあなたに飛躍をもたらすでしょう！

河野英太郎

本当は大切なのに誰も教えてくれないVUCA《ブーカ》時代の仕事のキホン　目次

第2章 答えのない問いに答えを出す
―VUCA時代の「問題解決」のキホン―

第3章

多様なメンバーをまとめる
―VUCA時代の「リーダーシップ」のキホン―

第4章

働き方の持続可能性《サステナビリティ》を高める

―VUCA時代に「働き続ける」キホン―

第1章

限られた時間で成果を出す

―VUCA時代に「生産性」を上げるキホン―

働き方改革が叫ばれて久しい昨今、
会社が残業を認めなくなったというケースも多い。
しかし、それで仕事がラクになったかと言えば、
仕事量は減らないままで、むしろ忙しくなったという声も。
人手不足も多忙化に拍車をかけるなか、
ビジネスパーソン一人ひとりが、
「限られた時間で成果を出す」ためには、
一体どうすれば良いのだろうか。

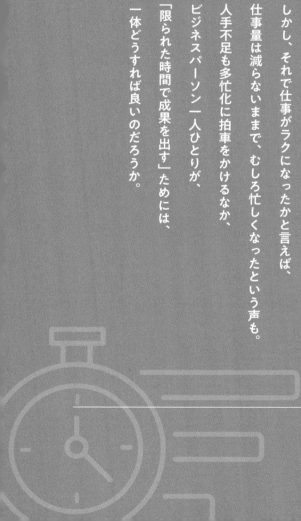

その仕事、目的に対して「合理的」ですか？

「はじめに」でお話ししたように、私たち現代のビジネスパーソンは、「VUCAの時代」＝明確な答えがない環境に置かれています。

VUCAが仕事に与える影響の最たるものは、「ビジネスサイクルの短縮」でしょう。

かつてのように、長い時間をかけて優れた成果を出そうとしても、その間に「優れた成果」の定義が変わることすらある時代になってしまいました。その結果、どの企業も短い時間で優れた成果を出すために、「生産性を上げろ！」と一様に叫んでいます。

しかし、重要なのは、ここで求められている生産性向上の解釈です。「生産性」を、投入した時間分の成果、と定義すると、その向上には、次の2種類の解釈ができます。

図1−1　生産性向上の2つの解釈

→1ではなく2の考え方が生産性を上げるコツ

1. **分子を増やす（時間を固定して、より多くの成果を上げる）**

例：一定の時間をかけて10の成果だったものを、12の成果に上げる

2. **分母を減らす（成果を固定して、より少ない時間で達成する）**

例：一定の成果を出すのに10時間かかっていたものを、8時間で達成する

この2つの解釈は、結論は同じでも、我々の心理面に与える影響は大きく違います。

実は、**1の考え方では、生産性の向上につながりにくい**のです。

多くのビジネスパーソンは毎日必死に働

いています。その状況にさらにムチ打つように、成果を何十%上げろ、と言っても、モチベーションは上がりません。結果的に残業や社員のストレスにつながるのがオチです。

一方、**生産性の高い職場やビジネスパーソンは、必ず2の考え方で働いています。**

同じ作業を終えるのに、どうすればより早く済ませられるか、を考えるわけです。シンプルに考えて、このほうがよりモチベーションも湧くというものです。

幸いにも、それまでより短い時間で成果が達成できれば、余った時間をプラスアルファに回すことができます。

その結果、同じ時間でより高い成果を出すことも、自然と可能になります。

ですから、まず皆さんに知っていただきたいのは、**「ある成果を今までよりも短い時間で達成する」ための工夫が、生産性の向上につながる**という事実です。

目的に対して、合理的かどうかを考える

では、どうすれば、成果あたりの投入時間を減らせるでしょうか。

そのためには、一つひとつの仕事が目的に対して合理的かどうかを考えること。そして、非合理的な仕事を極限まで排除することが大切です。

普段、当たり前のようにやっていることも、外部の目を通して見たり、冷静に考えてみたりすると、実際には非合理的なことをたくさんしているものです。

私は今までのキャリアのなかで、多くの会社・組織に所属してきました。また、仕事のやり方も、お客様先に常駐することが多かったので、多種多様な組織を見ています。

そのなかで見てきた「非合理的な仕事」の例は、枚挙にいとまがありません。

たとえば、どこの部署にもあるのが、前任者から引き継がれてきた必要性の低い仕事。何の疑いもなく続けているが、今ではもうやる意義がなかったり、最小限の労力で済むようなことはたくさんあるものです。

第1章では、こうした非合理的な仕事をなくしていくための考え方を中心に、生産性を上げるための方法をお伝えしていきます。

01

「なくしたい仕事」を挙げてみる

目的と照らし合わせて、非合理的な仕事を見つけるためには、まず**「なくしたい仕事」をリスト化する**ことから始めるのをおすすめします。

実現できるかどうかはともかく、「この仕事がなくせたら良いのに」という仕事を、常日頃からピックアップして、リスト化しておくのです。

特に管理部門は仕事が増えがち。私も管理部門にいたときは、大胆な「なくしたい仕事リスト」をつくって、パソコンのデスクトップに保存していました。

人は、新しいことは気軽に始めても、**今までやっていたことをやめるのは意外と苦手**。このような仕事のリストをつくると、日頃から、仕事一つひとつに対して、「やらずに済ませられないか？」「将来的にはなくせないか？」という意識を持てるようになります。

その気づきを「話してみる」

もちろん、ただ、やみくもに仕事をなくせば良いかというと、そうではありません。

仕事をなくしてみたら、思わぬところで影響が出てトラブルになることもあります。

そういったことを回避するためには、**「これ、なくしてみたらどうなると思う？」と人に話してみる**と良いでしょう。

そうすると、「実は昔、なくそうとしたんだけど……」と、思いもよらない「なくせなかった理由」が出てくるかもしれません。

その場合は、本当になくすべきかどうか、具体的に話し合えば良いでしょう。

その反対に、「考えてもみなかったよ、早速なくしてみようか」と、そのひと言がきっかけで話が進み出すことも、十分にあり得る話です。

きっかけがあれば、人はやめることができる

実は私は、ある会議中に、先ほど触れた「なくしたい仕事リスト」がプロジェクターに

映し出されてしまい、その場が一瞬にして凍りついた、という経験があります。

「え、あのシステムなくすの？」「あの制度なくすの？」「あの部署解散するの？」と、最初はタブーに踏み込んだ雰囲気だったのですが、その後、それをもとに建設的な議論に発展しました。

「実は僕も、あの制度いらないと思ってたんですよ」などと、ムダな制度を廃止する議論になったり、「ああ、あのシステム、実はある法律が理由で存在してるんだよ」などと、専門家からの説明や意見をもらえたりしたのです。

このように、**きっかけさえあれば、人は案外簡単にやめることができます**。むしろ、恐れるべきは、きっかけを失くして、延々とやる必要のない仕事を続けてしまうこと。

こうした事態を回避するためにも、まずはひと言、気づきを誰かに話してみるようにしましょう。そうすれば、ただ漫然と続けるだけの日々よりも、長期的に見れば良い結果になるでしょう。

なくしたい仕事に気づくことが、生産性を上げるための第一歩なのです。

図1−2 「なくしたい仕事」リスト

- □ **XXXXシステム**
  → なぜ、このシステムが必要なのか不明。
- □ **留学派遣制度**
  → 参加者が少ない割に費用負担は大きく、目立った効果も出ていない。
- □ **YY会議**
  → 出席者の大半が黙っている。少なくとも参加者は半減すべきでは?
- □ **改善コンテスト**
  → コンテストをなくすことが最大の改善では?
- □ **社内報**
  → 編集に労力かかり過ぎ。もう少しスリム化すべきでは?
- □ **社長同席のZZZ委員会**
  → 実施することだけに意義がある。形式的。
- □ **人事による研修参加者の選抜**
  → 完全に社員の意思に任せれば良いのでは?

02

形式を疑う

目的に対して非合理的な仕事を見つけ出すためには、一つひとつの仕事に対して、しきたりや単なる過去からの習慣といった**「形式」にしばられていないか**を、自らに問いかける方法も有効です。

たとえば、もらったメールに反応しなければいけないとき、必ずしもメールで返す必要はありません。文面に残す必要性がないなら、電話で回答すれば良い。そうすれば、アポイント先に移動する途中で、歩きながらでも対応できます。

このような**「思い込み」というのは、生産性の妨げとなってしまっている**場合があります。基本的には、どんな形でも良いので、早く返答をしたほうが相手も喜ぶものです。

上司や取引先は、本当に形式にこだわっているのか？

形式にしばられている仕事の多くは、上司や取引先の影響が大きいのではないかと思います。「形式を崩したら、上司に叱られたり、取引先に失礼だと思われるのではないか？」と先読みしてしまうのですね。

しかし、**上司や取引先は案外、形式にこだわっていない**ものです。

たとえば、何か調査やレポートなどを頼まれたとき、提出資料をパワーポイントやワードできれいにつくらなければいけないかというと、そうとは限りません。

上司は「考え方だけ素早くわかれば良い。見た目はどうでもいいから、とにかく時間をかけずに持ってきてほしい」くらいに考えていることはよくあります。

この場合、**手書きでパパッと書いたメモ程度でも、十分目的を果たしています**よね。

むしろ、きれいなパワーポイントをつくっても、肝心の内容がズレていたら、「資料を整える暇があったら、その前にひと言相談しろよ」と、上司をイライラさせてしまいます。

その資料、印刷する必要ありますか？

会議や商談のために、あいかわらず大量に資料を印刷して配っている職場はまだまだあるようです。

しかし実は、上司や取引先は「別にわざわざ印刷しなくても、プロジェクターに映してくれたほうが便利なのに」「A４用紙１枚に要点をまとめたものがあれば十分だよ」と思っているかもしれません。

まして、ミスプリントや誤字脱字があったからといって、もう一度刷り直すことなど、誰も求めていません。口頭で「ここは間違いです」と言えば済む話です。

優秀な現場の人の時間をそんなことに割くことこそ、一番の時間のムダです。

ちなみに私は、**会議終了後15分以内に紙の資料は必ず廃棄しています。**

電子データがない場合には、紙の資料をスキャンして、クラウド上に保管しています。紙で保管するコスト、検索するコストを考えると、スピードの違いは一目瞭然《りょうぜん》。これもまた、形式にしばられない発想の1つです。

非合理的な仕事には「あるひと言」が足りない

ここまで紹介した非合理的な仕事の共通点は、**上司とのコミュニケーション不足**です。今、上司が求めている仕事の精度を、「手書きでも良いですよね?」「この資料は印刷しませんので」と少し確認すれば、しなくても良い仕事をやる必要はなくなるでしょう。

この**「○○しますね」というひと言が言えるかどうかが、あなたのこれからの仕事時間を大きく左右します**。

そのたったひと言によって、その先何時間も得になるなら、ダメ元でも言ってみたほうが良いと思いませんか?

案外、あっさりとOKしてもらえるものです。

03

「とりあえず訪問」はしない

営業など、外出が多い人にとって「移動時間の多さ」は悩みの種でしょう。
内心「移動時間がなくなれば……」と思いながらも、「直接会わないと失礼にあたる」と考え、訪問を続けている人は多いと思います。

しかし、**「失礼にあたる」という理由だけで訪問しているのなら、思い切ってやめてみる**ことをおすすめします。

このご時世に「訪問してこないなんて失礼だ」という風土の会社は、どんどん減っています。たいてい相手も忙しいので、内心電話で十分と考えている可能性も高いでしょう。

もちろん、重要なタイミングでは訪問が必要かもしれませんが、製品説明や契約の詰めといったことなら、**わざわざ訪問しなくても目的は達成できます。**

最初から「テレビ電話で会議」もアリ

まずは、取引先に**「テレビ会議はどうですか？」**と、提案してみましょう。

今は、「Ｚｏｏｍ」などのテレビ電話アプリも一般化していますし、性能も進化して通信速度も上がっているので、ストレスなくテレビ電話会議や画面共有ができます。

私が２０１６年に米国出張したとき、現地ではすでに、既存顧客への定期的なアプローチどころか、見込み顧客へのプレゼンにまで、テレビ電話を使っていました。しかも、その見込み顧客に対面で一度も会っていないということも、珍しくありませんでした。

テレビ会議を打診して断られたところで、失うものはありません。

取引先のうち、何社かだけでもテレビ電話会議ができれば、それだけで月に１日分くらいの時間を節約できるでしょう。

04

分解して時間を見積もる

スケジュールは立てるのに、いつも予定通りに進まず残業になってしまう……。

このタイプの人は、「とりあえず、これで良いか」と、最初に漠然としたスケジュールしか立てていないことがその原因です。

予定通りに仕事を終わらせるためには、直感に基づいたスケジュールではなく、「仕事の所要時間に基づいた現実的なスケジュール」が不可欠です。

仕事の所要時間をなるべく正確に見積もるためには、**目の前の仕事を分解して、一つひとつの作業がどのくらいかかるのかを計算する**という方法が有効です。

たとえば、エクセルで何か表をつくる場合、最初に1行あたり何秒かかるのか、作業時間を測ります。すると、「1行で30秒だから、100行なら50分はかかるな」というように、分解した作業時間に基づいて、全体の作業時間の正確な予測ができるのです。

また、一つひとつの作業時間を把握していれば、途中で急な仕事が入ったときでも、残りの作業時間が見積もりやすくなるので、計画の変更といった対応も柔軟にできます。

非合理的な仕事を消し去るための第一歩

それだけではありません。仕事の作業時間を把握すると、優先順位や、次に必要な行動も見えやすくなります。また、「いま20分かかっている作業を、10分に短縮できないか」というように、具体的な改善目標も設定できるようになります。

すると次第に、目的を達成するために**「非合理的な仕事はないかどうか」を、自らに問いかける習慣が身につきます**。

そうすることで、どんどん仕事のスピードが上がり、やる気も出てくるのです。

皆さんは、自分の仕事の作業時間をきちんと見積もっていますか？

05

四半期は「500時間」と考える

『あと3カ月』と思うのではなく、『あと500時間』と考えてほしい」

私は、メンバーにスケジュールを話すとき、**「時間」に直して話す**ようにしています。

その理由は2つあります。

1つは、**「持ち時間は少ない」**ことを相手に認識してもらうためです。

3カ月といっても、90日間毎日働けるわけではありませんし、1日の労働時間は限られています。仮に1日8時間×月20日間働くとなると、1カ月で160時間、四半期（3カ月）で480時間。ここに残業時間を加えても、500時間しかありません。

これを聞いて「500時間もあるのか」と思う人もいるかもしれませんが、1週間経てば、残りはもう460時間です。こう考えると、余裕はないことに気づくでしょう。

時間換算することで、生産性向上につながる

もう1つのメリットは、「生産性を数字で説明できること」です。

たとえば、先ほど、「四半期（3カ月）で働ける時間は500時間しかない」とお話ししました。もし、四半期のノルマが500万円だとしたら、時間あたりに直せば、1時間で1万円を生み出さなくてはならない計算になります。

つまり、1時間ぼーっとしていたら、1万円のマイナスを背負ってしまう、ということです。こう考えると、1分1秒でもムダにできないことが、実感できるでしょう。

私はかつて、管理部門にいたとき、社長の1時間は会社の売り上げ4億円に相当することに気がついて、それに見合うだけの価値がない「社長同席の○○」を、いくつか「なくしたい仕事リスト」に載せたりしました。

単に「生産性を上げよう」と言ってもメンバーには響きませんが、ここまで具体的に数値で目標を明確にすると、人の心に留めることができます。

06

「今の1分」は、「明日の1時間」

私も含め、人は皆どうしてもサボりがちな生き物です。

つい物事を後回しにしてしまうもの。心に余裕がないときにはなおさらです。

たとえば、忙しくて時間の余裕がないときに、ふとスマホを見たら、取引先からメールの着信が。見ると、返信する内容を考えるのに数分はかかりそう……。

しかし、このような**数分で終わる仕事は、後回しにしないで、すぐにやるべき**です。

「小さな仕事を後回しにする」ことは、知らず知らずのうちに、ムダな時間を増やし、「非合理的な仕事」を生み出すリスクを高めているからです。

「今の1分」は夕方の10分、明日の1時間、来週の半日

私は、「今の1分」は夕方の10分、明日の1時間、来週の半日、と常日頃から自分に言い聞かせています。

なぜなら、冒頭の例のように、一度見たメールをすぐに返さず、後回しにすると、次のような追加作業のリスクが発生するからです。

〇夕方の返信

・返信するときに、一からメールを読み直す必要がある

・メールの返信が気になって、目の前の業務に集中できなくなる

〇翌日の返信

・状況が変わって、追加で二度三度、メールでやり取りする必要が出てくる

・日をまたいだことで、返信すること自体を忘れてしまうリスクがある

〇翌週の返信

・痺れを切らした相手先から、確認、あるいはクレームの連絡が来て対応に追われる

つまり、最初のメールを見たとき、1分で返信すればよかったことが、途方もなく時間のかかる作業になりかねないのです。

このような事態を避けたければ、数分で終わるような仕事はできるだけその場ですぐやってしまうことです。私は、**今の1分で、明日の1時間を買っているようなもの**だと考えて、数分で終わる仕事はすぐに片づけるようにしています。

クレーム対応も「今の1分」が「明日の1時間」になる

特に、ここで説明した内容が大きく当てはまる状況があります。

それは、**「クレーム対応」**です。

昨今は、苦情も直接電話ではなく、メールで入ることが多くなりました。

苦情が入ると、怒られるのが嫌で、ついついお客様への連絡を後回しにすることがあります。しかし、**待たせれば待たせるほど相手の怒りは膨らんでいきます。**

たとえば午前中に、お客様から小さなクレームのメールが入ったとします。その瞬間、間髪入れずに電話すれば、相手も「まぁ、そこまで怒っていないよ。ちょっと思ったからメールしただけだよ」と穏やかな反応を返してくれるものです。**電話してから、ものの1分程度で話が済む**こともよくあります。

しかし、これを午後、夕方まで待たせると、お客様はイライラしてきて、こちらがどんなに丁寧に謝罪しても、5分、10分と不満を言ってくるかもしれません。さらに翌日、翌々日まで待たせれば、怒りは増幅し、30分説教されても不思議ではありません。

そして、ほったらかしにほったらかして翌週まで引き延ばせば……、お客様の怒りは頂点に。「上司を連れて謝りに来い！」となって、何時間も費やすことになってもおかしくありません。さらに、それが原因で取引が打ち切りにでもなれば、取り返しがつきません。

その場合、今の1分は明日の1時間どころではないですよね。

このような事態を防ぐために、クレームはすぐに対応することを心がけましょう。

07

「すぐやる」を超速化すると、信頼につながる

「信用の時代」「信頼残高」などという言葉がクローズアップされています。

私は、人に信用されるための一番の近道は、「すぐやる」ことだと考えています。

事実、**相手の予測を上回るスピードで動くと、それだけで一目置かれたり、心の距離が縮まったりします**。こんなにシンプルで強力な武器は他にありませんよね。

先ほどの「小さな仕事はすぐにやる」習慣が身についたら、次は、**どんな仕事も周囲が驚くほどのスピードで終わらせる**ようにしましょう。たとえば、次のような具合です。

・メールを確認したら、1分も経たないうちにメールを返すか、電話する

・商談で話し合った内容を、帰りの電車のなかで整理して、送信

・誰かを紹介してほしいと頼まれたら、その場で電話やメールをして即つなぐ

昔も今も、結局「スピード」が最重要

私が、この真理に気づいたきっかけは、若い頃、会社のある役員の働き方を目の当たりにしたからです。

その方は役員にもかかわらず、私が電話をすれば、そのときは不在でも、すぐに折り返しの電話をくれるし、深夜のメールにも翌日の早朝には必ず返信が来ました。一緒に飲んだ翌日には必ず、その場で撮影した写真をラミネート加工して届けてくれました。

そのスピードに感銘を受け、私もその方を真似して、**相手が驚くスピードで動く**ことを心がけています。実際にお客様からメールが届いた数秒後に電話をかけたら、「送信のボタンから、まだ手が離れていないですよ」などと驚かれたことがありました。

最初からすべてではできないにせよ、時間のかからない小さな仕事だけでも、スピーディに行うようにすれば、周囲からの見方はガラッと変わってくるはずです。

08
人への「お願いごと」は最優先

品質を保ったまま、**仕事時間を減らすためには、周囲の人の力を借りることも重要**です。

1人でできることには限界があります。周囲の協力を得られれば、既存の仕事をより少ない時間で行い、その分、新しい仕事に時間を割けるようになるでしょう。

周囲の人の力を借りる上で大切なのは、**「とにかく依頼を早くかけること」**です。

よく見られるのは、「自分の仕事を優先して、他の人に仕事を頼むのが遅れる」ケース。たとえば、午前中に仕事をお願いする予定が、自分の仕事が立て込んでいて、午後になってようやくお願いした。ところが、午後にその人が外出していて、翌日まで待たないといけなくなった……こんな経験はありませんか？

お願いごとは、文字通り「朝飯前」に

これを午前中に頼んでおけば、その日に仕上げてもらえたかもしれないのに、頼むのが遅れたことで仕上げが翌日、もしくは翌々日となってしまうわけです。

このような事態を防ぐため、私は**文字通り「朝飯前」、すなわち相手の出勤前に、人へのお願いごとは済ませる**ようにしています。つまり、朝起きて、何よりも優先して「頼みごと」のメールをするのです。こうすることで、時間のロスが一気になくなります。

生産性を向上させるためには、**着手から完成までの「リードタイム」をどれだけ短縮できるか、常に意識する**ことが重要です。依頼が数時間遅れるだけで、後工程の待ち時間が極大化し、結果、何日もムダになることさえあり得るのです。

そもそも、相手が自分の希望通りのスケジュールで仕事を仕上げてくれるとも限りません。そう考えると、自分の仕事を後回しにしてでも、依頼を優先すべきでしょう。

09

今こそ「電話」を多用する

仕事の連絡をするとき、あなたが最も多く使う連絡手段は何でしょうか？

おそらく、大部分の人は「メール」ではないかと思います。

しかし、仕事の生産性を上げたいなら、これからは、**「対面→電話→チャット→メール」**の順番で、コミュニケーションが取れないか意識するようにしましょう。


この優先順位を決める基準は、**「同じ時間内でやり取りできる情報量」**です。

メールの場合は、文章を書く時間がかかる上に、ほとんどの場合、すぐに返信がかえってきません。コミュニケーションする、しないを相手の意思に委《ゆだ》ねてしまっています。

それによって判断が遅れ、対応が後手に回ることは少なからずあります。

それに対し、**「対面」「電話」の場合は、文章を書く時間も待ち時間もありませんから、**

余計な時間がかからずに済みます。

また、文章を使ったコミュニケーションは、言葉足らずになりやすいので、何度も往復することになりがちです。誤解や意図的な曲解、無視されるなどのリスクも高い。

一方、「対面」「電話」であれば、**文章にするとうまく伝わらない微妙なニュアンスや、言葉以外のメッセージも伝わります。**

「電話」は最強のコミュニケーションツールである

最近、（トップクラスの）著名なビジネスパーソンのなかに、電話に出ないことを公言する人がいます。その影響か、電話をあまり使わない人が世代を問わず増えています。

ここで、誤解してはいけないのは、電話に出ないと公言する人たちは、その多くがビッグネームだということです。彼らは、情報は自ら取りに行かなくても集まり、ビッグネームゆえに交渉も容易です。だから、情報の取捨選択だけに集中すれば良いのです。

しかし、一般のビジネスパーソンは、情報を自ら取りに行く必要もあれば、タフな交渉だって必要です。そう考えれば、**時間を有効活用できる「電話」を積極的に使うべき**だと、私は思います。

むしろ私は、電話をする人が少なくなった今こそ、気軽に電話をして、仕事の効率を上げるチャンスだと考えています。自分を差別化することにもなりますしね。

「対面」「電話」には敵わないが、チャットは便利

もう1つ、最近の変化として挙げられるのが、ビジネスチャットツールの登場です。

チャットツールとは、インターネット上で個人同士がリアルタイムにコミュニケーションを行うツールのことで、それがビジネスの世界にも進出しています。有名なものでは、「Slack」「Chatwork」「LINE WORKS」などがあります。

チャットには、メールにはないメリットが色々とあります。

たとえば、メールでは、重要なメールからメルマガまで、すべてのメールが1つの受信トレイに集約されるので、特定のテーマを探すのに時間がかかり、それが生産性を落とし

てしまっています。一方、チャットツールでは、仕事のテーマごとにグループが分かれているので、「あのメールどこだっけ……?」と探す手間が省けます。

また、リアルタイムでのやり取りにも優れ、ファイルや資料の共有も簡単です。このように、**メールより便利な点も多いので、積極的に使っていくべきツール**だと思います。

しかし、冒頭で述べた「仕事が進むスピード」や「1回のやり取りで伝えられる情報量」については、「対面」「電話」にまだまだ遠く及びません。というわけで、冒頭に述べた「対面→電話→チャット→メール」の順に、優先度を意識しておくのが良いと言えそうです。

文字コミュニケーション「3つのメリット」

ところで、メールやチャットなどの文字コミュニケーションの長所はなんでしょうか。

私は次の3つがあると思います。①**「文章が残るので、証拠能力があること」**②**「同じ文面を複数の人に一斉同報ができること」**③**「相手の時間を拘束しないこと」**です。

このどれかが必要な状況なら使いましょう。そうでなければ、電話したほうが得策です。

10

「手戻り」をなくす

生産性を上げるためには、**「手戻りを減らすこと」**も重要です。

いくら他の部分で効率化を図っても、提出した書類や資料などにあれこれと修正が入り、何度もやり直しをしていれば、生産性が大幅に低下してしまいます。微調整ではなく、方向性そのものが間違っていて丸ごとやり直しになったら、膨大な時間のロスです。

手戻りが増えてしまっている主な要因の1つに、**上司や取引先との密なコミュニケーションが取りづらくなった**ことが挙げられます。

かつて、常に席にいてくれた部課長職も、今やプレイングマネジャー。一日中席を外していて、顔を合わせないことも増えました。取引先とも、昔はことあるごとに顔を合わせる余裕があったのが、今は最初から最後までメールだけということも珍しくありません。

そうすると、方向性があいまいなまま仕事が進み、「手戻り発生！」というわけです。

方向性の確認にも、「気軽に電話」が効く

手戻りを防ぐためには、①**「早めに方向性を確認すること」**②**「途中でその方向性をチェックする機会を設けること」**の2つが大切です。

たとえば、文章や企画書などの場合は、早めにざっくりとした叩き台を用意して、方向性だけでも最初にすり合わせをすることで、大きな間違いを防げます。

リードタイムの長い仕事は、最初からいくつかのチェックポイントを決めておき、そのポイントごとに、上司や取引先に確認するようにしましょう。

ここでも、先ほど紹介した**「気軽に電話」が役に立ちます**。手戻りは微妙なニュアンスの誤解によっても発生するので、電話で確認することでそれを防ぐことができます。

あらかじめ方向性の相談もしているので、電話も気軽にしやすいでしょう。

11

スキマ時間は万能ではない

生産性を上げるためには、「スキマ時間」を活用しよう——。よく目にする言葉です。しかし、私は、全面的には賛成できません。たしかに、スキマ時間を使うことは有効ですが、**何にでもスキマ時間を使えば良いかというと、そうではない**と考えるからです。

私は、企画書やレポートの作成といった、**まとまって集中する必要がある仕事は、スキマ時間でやらない**ようにしています。それらの仕事を、ほんの数分程度の時間でやろうとしても、なかなか集中できず、スキマ時間のムダ使いになるからです。

ちなみに私は、文章を書くときなど、集中力が必要な仕事は、**早朝にまとめてやる**ようにしています。5時台に起きて、家で1～2時間作業をするのですが、頭が冴えているし、電話や緊急メールなどで中断されることもないので、どんどん仕事が進みます。

スキマ時間は、集中力の要らない仕事をこなす

一方、スキマ時間はその反対に、「集中力を必要としない仕事」をします。

たとえば、移動中の電車の待ち時間を利用して、電話やメールをしたり、スケジュール調整などの短時間で終わらせることができる仕事をしたりするのです。

やってみると、スキマ時間だけでも、かなり多くの仕事をこなせることがわかります。移動中にゲームやSNSを漫然としているのは時間のムダです。

集中力が必要ない仕事を、「集中的に」こなすのが、賢いスキマ時間の使い方です。

また、スキマ時間ではありませんが、お昼ご飯の後は眠くなるので、考える作業ではなく、手を動かせば済む作業や、自分が話す必要がある仕事をするようにしています。

そうすることで、「眠くて仕事が捗《はかど》らない……」と思う暇もなく、仕事が進むはずです。

12

小さなゴールを設定する

集中力が続かない。これは、今を生きるビジネスパーソンの大きな悩みの1つでしょう。情報過多でノイズも多く、日々の激しい変化に追いつくことで精いっぱい。ふとした瞬間に「このままで良いのだろうか……」と不安になる人は多いように思います。

集中力が続かない人には、**「小さなゴールをたくさん設定する」**ことをおすすめします。

たとえば、「パワーポイントの資料を15ページ作成しなければならない」という仕事があるとしたら、「1時間で2ページつくる」「30分で、使用する写真をまとめて探す」というように、小さなゴールをいくつも設定して、それをこなしていくのです。

こうすると、**小さなゴールをクリアするたびに、達成感を味わえるので、集中力やモチベーションが持続しやすくなります**。目の前のゴールを達成することだけを考えるようになるので、仕事に集中できるようになるでしょう。

また、小さなゴールをたくさん設定すると、どのくらいの数の小ゴールをクリアしたかを見れば、**最終的なゴールに対してどのくらい進んでいるのかがわかります。**

1つの大きなゴールだけしか設定しないと、いつになったら終わるのか、また自分がどこまで進んだのかがわからないので、うんざりしてきますが、それがなくなるわけです。

仕事を細かく分解して、漠然とした不安をなくす

小さなゴールを設定するためには、**仕事を分解して、細かなタスクに分ける**ことです。たとえば、プレゼン資料を作成するなら、「全体の構想を練る」「下書きをつくる」「グラフをつくる」「表をつくる」「写真を探す」「清書する」などとタスクを分けていくのです。

すると、**やるべきことがはっきりして、漠然とした不安がなくなり、目の前の仕事に集中**できます。同時に、不要な仕事や他の人に頼んだほうが良い仕事も見えてくるでしょう。

13

やる気が出ないときは、あえてやらない

色々工夫しても集中できないときは、**思い切って「やらない」というのも1つの手**です。

そういうときは、一生懸命集中しようとしても、集中できることはほぼないからです。

ムリに集中しようとすることほどムダなことはない、と私は考えています。

「期限ギリギリのときにそんなのんびりしたことを言ってはいられない」と思うかもしれませんが、ちょっと考えてみてください。

どうしても**集中できない仕事は「実は今やる必要がない」、あるいは「他にもっと優先するべきことがある」**ということが多いのではないでしょうか。

「前倒ししてやらないといけない」と自分に言い聞かせても、心のどこかで「どうせ大丈

夫だろう」と思っているから集中できないのです。もし「あと1時間で終わらせなければ、お客さんに損害を与える」などの必然性があれば、絶対に集中できるはずです。

意外なことに、思い切ってやめて、翌日あらためて着手してみると、集中力を取り戻し、一気に仕事が終わることはよくあります。一旦仕事から離れることで、気持ちがリフレッシュされるだけでなく、新しいアイデアが浮かぶこともあるからでしょう。

集中力がなくなったら、会議もすぐに中断する

こうしたことから、私は、「今やらなくて良い仕事だったら、ムリに今やらなくても良い」とメンバーにも話していました。

たとえば、会議に参加しているメンバーの集中力が欠けてきていると感じたら、**どんなに重要な会議でも、一旦中断しました。**そうして仕切り直すと、再開した後はどんどん意見が出てきて、あっという間に終わった、という光景を、私は何度も見てきました。

皆さんもぜひ、**「やらない勇気」（！）**を持ちましょう。

14

プリントアウトは合理的なこともある

仕事のやり方のなかには、一見、非合理的なように見えて、合理的なこともあります。その1つは、**「プリントアウトすること」**です。

時代はペーパーレス。私も、仕事の資料はほとんどプリントアウトしません。印刷する時間がムダだし、紙で持っているとかさばる上、常に携帯していないと、いつでもどこでも見られません。印刷することは情報セキュリティ上もリスクが高いですよね。

ファイルをクラウド上に置いておき、必要なときに、ノートパソコンやタブレットなどで呼び出せば、かさばることなく、いつでもどこでも見られます。

31ページでも少し触れましたが、私は紙で資料をもらったとき、すぐにスキャンして、データでクラウド上に保管しています。

いただいた名刺もすぐにデータ化してしまうので、物理的に持つことはありません。

プリントアウトは「質を高める」ために行う

しかし、そんな私でもプリントアウトすることがあります。

それは、**「品質を高めるためのプリントアウト」**。

具体的にいえば、自分の書いた文章を推敲《すいこう》するときです。


それを心がけるようになったのは、1冊目の本を書いたときから。パソコンで書いた原稿を編集者に送ったら、「河野さん、これ印刷して見てないでしょ」と指摘されたのです。

なぜ編集者が見抜いたかというと、シンプルに文章の品質が悪かったから。

パソコンの画面で見るだけだと全体像が見えないので、「構成がバラバラ」「ムダな句読点が多い」といった粗さに気づかないのですね。

というわけで、ペーパーレスの時代だからこそ、パソコンで書いたものは、一度、紙に出力してチェックしましょう。そのひと手間で、驚くほど質は高まるはずです。

15

仕事とプライベートを分けない

少し前まで、仕事時間を減らしてプライベートを充実させる「ワーク・ライフ・バランス」が取り沙汰されました。これが最近では**「ワーク・アズ・ライフ」「ワーク・ライフ・インテグレーション」**といった概念に発展しているようです。

これは、仕事とプライベートを区別するのではなく、あえて2つを統合（インテグレーション）し、ともに人生の一部だと考えて、双方の質を高めようという概念のことです。

仕事の生産性を上げ、かつ生活も豊かにしたいなら、この「ワーク・ライフ・インテグレーション」という考え方を採り入れたほうが良い、と私は思います。

なぜなら、**働く場所や時間を制限しないで、いつでもどこでも必要なときに働いたほうが、トータルで見ると仕事の負荷が小さくなる**、と感じるからです。

たとえば、朝起きたときや夜寝る前にもメールを確認して、必要なものにはすぐに返信するということですね。逆に必要であれば昼間に帰宅して、家事をしたり子どもの学校のイベントに参加したりということも日常になります。

区別する必要をなくせば、生産性も上がる

「朝から晩まで仕事をしていたら、息が詰まるのでは？」と思うかもしれませんが、たった1分、**朝と夜にメールチェックするだけで、余計なトラブルが減ります。**対応が遅れて解決が難しくなったり、相手を待たせてイライラさせたりすることがなくなるからです。トータルで見れば、仕事時間も減り、プライベートも充実するはずです。

仕事とプライベートをはっきりと切り分けたいという人も、何のために切り分けるか、という目的に立ち返って考えてみましょう。人生を充実させるため、ですよね。そうであれば、切り分けるより、インテグレーションしたほうが充実するのです。

第2章

答えのない問いに答えを出す

―VUCA時代の「問題解決」のキホン―

企業や人材を取り巻く環境は、複雑化し、
変動が激しく、不確実性が増している。
そんな「答えが明確でない」時代には、
問題解決も従来通りというわけにはいかない。
そんななかでも、一定の「解答」を出すことが
求められるビジネスパーソンたち。
「答えのない問いに答えを出す」ためには、
今、どんな考え方が求められているのだろうか。

「正しさ」より「早さ」

「VUCA」の環境に置かれている現代のビジネスパーソンにとっては、**「問題解決」も一筋縄ではいきません**。

これまでの経験則が通用しない問題は、より一層増えています。環境がめまぐるしく変わることで新たな問題が発生したり、解決しようとしていた問題が変わってしまったりすることも珍しくありません。それ以前に、何が問題なのかわからないことさえあります。

では、VUCA時代の高度な問題に立ち向かうためには、何が必要なのでしょうか。

それは、**「早さ」**。スピーディに前進する「速さ」というよりは、クイック、アーリーといった意味の「早さ」です。

正解の確信がなくても良いから、まず早期に意思決定をして即座に実行することです。

なぜなら、これまでの経験則が通用しないような問題は、いくら机の上で考えたところで、正解にはたどりつけないからです。

解決策を見つけ出すには、とにかく何度もトライ&エラーをするしかありません。

それなら、1分1秒でも早く試したほうが良い。

たとえ間違っていたとしても、すぐに修正すれば、早く正解にたどり着けます。

この**「素早い試行錯誤」こそが、VUCA時代の問題解決のコツ**です。

「先延ばし」には百害あって一利なし

近年、ソフトウェアやアプリなどの開発で**「アジャイル」**という手法が主流になっています。これは、不完全でも良いので短期間でベータ版をつくり、顧客に使ってもらって修正点を見つけ出して、徐々に完成度を高めていくという手法です。

その根底には、「最初から正解を出そうとするのではなく、クイックに試してみて、修正を繰り返したほうがニーズに合う」という考え方があります。

かつては先々まで見越した計画に基づき、長期間をかけて完璧な完成品をつくり上げる「ウォーターフォール」型の開発が主流でしたが、VUCAの時代には、「アジャイル」型のほうが適しているというわけです。

しかし、いまだに多くのビジネスパーソンは、これと真逆の状況に陥っています。解決策とおぼしき方法が目の前にあっても、「本当にこの方法で良いのだろうか」と実行をためらってしまう……。これは、関係する人の数が多ければ多いほど、顕著になります。

VUCA時代に問題解決をする上で最も避けるべき行動は、**意思決定を先送りにして、何もしないこと**です。

極論すれば、たとえ間違っていても、まずは解決策を実践したほうが、前に進めるわけですから、何倍もマシです。先送りするのは、ただただ時間をムダ使いしているだけです。

質の高い試行錯誤の「2つのポイント」

とはいえ、何でもかんでも試行錯誤すれば良いと言っているわけではありません。

私は、質の高い試行錯誤をするためのポイントは、次の2点にあると考えています。

1.「検証する価値のある解決策」なのかを、目的に照らし合わせ判断すること
2.その解決策を実行まで導くこと

まずは、検証するのは何のためか、を改めて考えましょう。

そして、その問題の根本は何か、目的達成の判断基準は何か、そもそも問題をどう設定するかといった事柄に考えをめぐらし、「検証する価値のある解決策」を設定すること。

ここがおろそかだと、どんなに労力を投じても、意味のない活動になってしまいます。


次に、その解決策を実際に行い、結果検証を行うこと。

どんな優れた解決策も、実行できなければ意味がありません。アイデアだけではダメですし、始めるだけでも不十分。やり遂げて結果が出るまで継続する必要があります。

本章では、解決策の設定および実行の両面から、VUCAの時代に必要な問題解決のコツを、述べていきたいと思います。

01

問題は簡単に――イージーではなくシンプル

さまざまな要素が絡み合っていて、解決の糸口がわからない……。
複雑な問題を、複雑なまま考えていても、ますます混乱するだけです。
そんな難しい問題に直面したときに、私が心がけているのは、問題を簡単にすること。
ただ「簡単」と言っても、
「イージーの意味の簡単ではなく、シンプルの意味で簡単にする」
ということです。

私の経験上、問題をイージーにできるかどうかはやってみないとわかりませんが、シンプルにすることは必ず可能です。

これまで、さまざまなビジネスパーソンと話してきましたが、問題を解決できる人は、共通して、物事をシンプルに捉《とら》えることが上手です。

グダグダ説明したことに対しても、「つまり、君の言いたいことはこういうことだな」とまとめてくれる。

実在の人物でいえば、ちょっと古いですが、田中角栄元首相や、小泉純一郎元首相がやっていたことです。難易度や複雑性の高い政治課題を、明快なストーリーやフレーズに置き換え、1人でも多くの国民に伝わるようにする――。そんなイメージです。

なかなか難しいことですが、「イージーじゃないものを、シンプルにする」という意識を持てば、問題の些末《さまつ》な部分にとらわれず、**一番コアな部分をひと言で理解しようとするクセ**がつきます。すると、問題の本質を摑《つか》むことができ、解決策が出やすくなるのです。

「要するに」と言ってみる

物事をシンプルに捉えるためには、ちょっとしたコツがあります。

それは、目の前にある問題に対して、
「要するに」「ひと言で言えば」「すなわち」
といった言葉でまとめてみることです。

こうした言葉を発すると、頭が「シンプルに考えてみよう」というモードに切り替わります。それだけでも、目の前の問題を単純化できるようになるものです。

このとき、余分な言葉を弄《ろう》さないといけないものは、問題の要素が分解できていない、優先順位がついていないといった欠陥が、何かしら存在している証拠です。問題点を炙《あぶ》り出すためにも、「要するに」「すなわち」とまず口にする習慣をつけてみましょう。

悩んだら、「一歩引いて」考える

また、難解な問題が解けずに行き詰まっているときは、**「一歩引いて考えてみる」**ことも心がけると良いでしょう。

人間は、のめり込めばのめり込むほど、視野狭窄《きょうさく》に陥りがちです。問題にズームインし過ぎて、物事を広く見なくなってしまうのですね。

そんなときは、ズームアウトをすることが大切です。

一歩引いて俯瞰《ふかん》すると、まったく別々に起こっているように見えていた問題が、つながって見えることがあります。そのつながりから、問題の本質が浮かび上がってくるのです。

「一歩引いて考える」「ズームアウトする」ためには、**自分が大所高所に立っているイメージを思い浮かべる**と良いでしょう。あくまでイメージでかまいません。

サッカーの試合をスタンドやリビングのテレビで見ているときは、素人でもキーパーの動きや空いているスペースが見えたりするものです。

しかし、ひとたびピッチに立てば、一流選手でも、それは簡単ではない。

ある学者はこれを、「ダンスフロアからバルコニーに上がってみる」と表現しました。また、ある歴史小説家は、史実を後世から見る見方を「神の視点」と言いました。

このような意識を持つと、新たな発見とともに、問題解決の糸口が見えてくるでしょう。

02
違和感を大切にする

今まで以上に早さが重視される近年は、解決すべき問題は何かを、いちいち本部に具申するのではなく、現場が判断しなければならないことが増えています。

つまり、人の指示を仰《あお》ぐのではなく、現場の私たち自身が判断するのです。

そんなとき役に立つのが、**状況に対する違和感**です。

問題解決とは、現状「A」から、あるべき将来の姿「B」に向けて、何かしらの障害を越えていくことだと、私はイメージしています。

しかし、今はこのあるべき将来の姿Bが見えにくい時代といって良いでしょう。

そんなとき、このBを見つけるためには、現状Aに対する「違和感」が大きなヒントになります。Aに対する違和感が、Bを探すきっかけになる、というわけです。

この「違和感」を問題解決につなげる上で、次の2つのポイントがあります。

1. **良質な情報に触れること**
2. **ちょっとした違和感でも大切にすること**

「社外の」「信頼できる」情報に触れよう

人はどうしても現状に適応し、慣れてしまうもの。思考停止に陥りやすく、現状Aに対する違和感を自覚することは意外に難しいものです。そこで、違和感を持つために手っ取り早いのが、この「良質な情報に触れること」です。

良質な情報とは、**「社外の情報」**もしくは、**「信頼できる目利きを通した情報」**です。

社内の情報は、質の問題以前に、上司も誰も皆が知っていることなので、違和感や画期的な問題解決に結びつきにくい情報です。一方、社外の情報は、一見些細な情報に見えても、画期的な問題解決につながることが多々あります。

社内の人だけで話をしているときは永遠の課題のように見えたのに、社外の人の知恵を借りたら一瞬で解決するといったことも少なくありません。

「信頼できる目利きを通した情報」とは、つまり、**発信主体に対してキュレーターあるいはエディター的な人がいて、きちんと品質を上げている情報**です。

今の時代、ネットやＳＮＳに情報は山のように存在します。どうしようもない情報もあれば、とても役に立つ情報もあります。そうしたときには、信頼できる人のキュレーションがかかったものや、編集者・監督者が目を通した情報などに触れることが大切です。

そういった情報に目を通しておくことで、あるべき将来の姿Ｂを描ける、あるいは、Ｂを達成しなければいけないという刺激やモチベーションが湧いてきます。

違和感を持ち続ければ、情報の質も自ずと上がる

また、どんなに良い違和感を抱いたとしても、人はすぐにそれを忘れてしまいます。

だからこそ、**些細な違和感でも大切にして、常に頭の片隅に持ち続けること**が大切です。ツイッターでつぶやく、ブログに残すなど「言語化」することもおすすめします。

最初はちょっとした違和感でしかなかったものが、持ち続けることで「やはり、これは変えないといけないのではないか」という意図を持った課題意識となります。

そして、その課題意識を持っていることによって、**目に入ってくる情報の質も自ずと高くなります**。同じ情報に触れても、課題意識を持っている分、自分にとって重要な点を見抜く精度や、情報感度が高まるのです。

すると、先ほどの「要するに」ではないですが、あるとき、「これだ！」という課題が見えてきます。それは、**誰も発見していない、とてもクリティカルで、エッジの効いた問題解決**になることが多いはずです。

以上のように、「良質な情報」に触れて、「違和感を大切にする」習慣を持つことで、問題発見の質はぐんと上がり、結果的に解決のスピードを高めてくれるはずです。

03

見えないものはデータで判断する

優れた問題解決のための道筋が見えたところで、次はその解決策を判断する必要があります。しかし、「VUCA」の時代は、この意思決定がままならないことも多々あります。

「三現主義」という言葉を聞いたことがある人は多いと思います。

三現主義とは、「現場・現物・現実」を大切にするということ。

その意味するところは、「又聞きや机上の空論は、安易に信じることなく、実際に目にしたことのみを信頼して判断せよ」ということ。データだけをたよりに判断するのではなく、実際に足を運んで現場に行き、現物に触れてみてよく考えよ、という教訓です。

たしかにその通りですが、私はこれに100％賛成というわけではありません。

今まで以上に早さが求められるVUCAの時代においては、現場や現物にこだわり過ぎないほうが良い場合もあると考えています。

なぜかといえば、現場・現物・現実にこだわり過ぎると、意思決定が遅れる場合があると思うからです。

現場を見て判断が遅れるなら、さっさと意思決定すべき

私は以前、所属部門のグローバルリーダーのそばで短期間、カバン持ちをしていたことがあります。彼はロンドン在住のアメリカ人です。

そのリーダーが、とある外部のソフトウェア会社と大々的に提携する話をまとめたことがあり、その判断基準をたずねました。すると、こう答えたのです。

「ガートナーやIDCなどのレポートを参考に判断した」

このときの私は、「全世界を巻き込む意思決定を、実物も見ないで決めたのか」と、とて

も驚きました。と同時に思ったのは、「だから意思決定が早いのか」ということです。

今になって考えると、実物を見れば経営判断が変わるかというと、おそらく変わらないでしょう。それなら、手元のデータだけで決めても問題はないわけです。

「現場」と「データ」を使い分ける方法

このように、現場や現物を見ても、あまり意味がないことは、意外と少なくありません。

とはいえ、今まで丁寧に現場や現物を確認してきた人にとっては、現場に行かずに何をもって判断するのか、という疑問が湧き上がってくるでしょう。


「現場」や「現物」を見て、本当に判断材料となる客観的な情報が得られるかどうかは、よく考えてみる必要があります。

たとえば、ある会社で離職率の高さが問題だったとして、それは現場で社員の働きぶりを一日中見ていれば、現象やその原因がわかるものでしょうか。

その日たまたま、現場のとある上司が声を荒らげていたら、その上司が高離職率の原因と判断してしまうなどのバイアスのリスクもあります。たまたま機嫌が悪かっただけかもしれませんし、本当の問題は別のところにあるかもしれません。

もちろん、現場で気づきを得られることもあるでしょう。

しかし、その前に、社員の勤怠状況や残業時間、エンゲージメント調査やリーダーシップアセスメント結果といった、各種データを通じて仮説を立てるほうが、最終的な問題解決に近づく可能性は高いのではないかと、私は思います。

また、現場といっても、それがどこを指すのかが不明確だったり、現実的に足を運べないような場所・範囲であることもあります。そういう場合も、現場を頑張って見ようとするよりも、早いところデータに基づく意思決定をしたほうが、何倍も良いでしょう。

実際には、一定のデータと、一定の現場感を総合して意思決定していくのが最も良い方法です。ただし、両方にこだわって意思決定が遅れるくらいなら、今手元にある情報だけで素早く意思決定をして、そこから修正していくべきだと私は考えています。

04

「迂回路」を持ちつつ、「最短距離」を進む

いくら良い解決策を思いついても、前例のないようなアイデアだと、「上」からストップがかかるのでは……。

それなりの規模の企業にいる人は、そんなことを考えるのではないかと思います。

こういう場合、あなたならどうするでしょうか？

おそらく、役員や上司がストップをかけてくると予想される部分を、前もって修正しているのではないでしょうか。

私も大きな規模の会社に勤めた経験が長いので、その気持ちはよくわかります。

しかし、そうした忖度《そんたく》をして、**インパクトのある「最短距離で行く方法」を、無難な「迂回路を行く方法」に変えてしまうと、せっかくＯＫがもらえても、ムダな時間がかかって**

しまいます。

その結果、解決策の効き目が弱まってしまったら、元も子もありません。

勇気を持って、最短距離を提案する

とはいえ、いきなり「最短距離で行く方法」を突きつけるのは、経験の浅いコンサルタント的な人がやることです。

私がすすめるのは、まず「最短距離で行く方法」を考え、それを出発点に最短距離に少しでも近い、「迂回路を考慮した現実的な方法」を描くこと。

そして最初は、勇気を持って、「最短距離で行く方法」を提案することです。

ダメ出しをされたら、初めて「迂回路を考慮した現実的な方法」を出せば良いのです。

実際にやってみると、案外、すんなりOKがもらえることもあります。単に余計な忖度をしているだけなのです。

社歴が長く、自分は割と根回しができると思っている人ほど、気をつけましょう。

安易な迂回路の連続が「デスマーチ」のはじまり

少し話は変わりますが、私はこの「迂回路の連続」が、いわゆる「デスマーチ」につながるのだと思っています。

デスマーチとは、直訳すると「死の行進」。

近年、ＩＴやソフトウェア業界などで、仕様などの変更に次ぐ変更の末に影響範囲が広がり、終わりが見えないほど作業量が膨大になり、そのプロジェクトに従事するメンバーが、不本意な長時間労働を強いられる状況を指す言葉です。

このとき、変更に次ぐ変更が行われていると言いましたが、実はこの変更が、**一見目的に合っていそうで、実はそうではないことが非常に多い**のです。

往々にして、掲げる目的に対して「最短距離」を取ろうとしていないから、どんどんやらなければいけないことが膨らんでしまっているのです。

繰り返しになりますが、「仕事の目的」を明確にして、そのためにとるべき最短の工数を常に意識すれば、無限に膨らむ「安易な迂回路の連続」には、陥らずに済むはずです。

図2-1 「最短距離」と「迂回路」

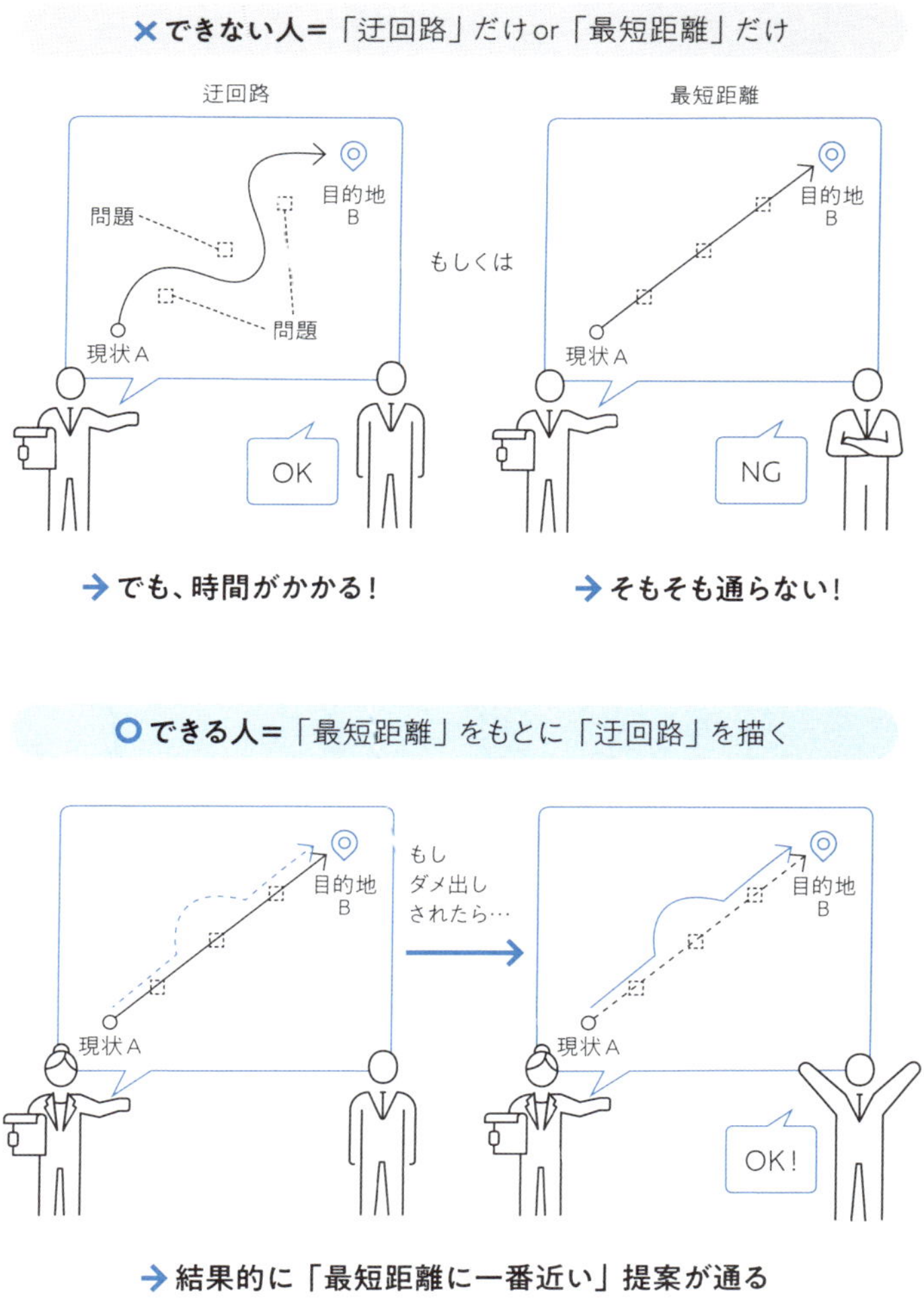

05

「忙しい人」にこそ頼ってみる

「忙しい人に声をかけるのは、何となく腰が引けてしまう」

「どんな提案をしても、一蹴されてしまうのでは」


このように、アイデアを提案すべき相手が日頃から忙しい人（決して「忙しそうにしている人」ではありません）だと、ついつい遠慮してしまう人がいます。

しかし、忙しい人に何かを提案することを、遠慮する必要はありません。

むしろ、可能ならば**「忙しい人にこそ、色々と提案すべき」**だと思います。

なぜなら、忙しい人と話をすることは、すなわち最短距離を進むルートに近づくことだからです。

忙しい人に話を聞けば、仕事の「質も速さも」上がる

そもそも、忙しい人は「できる人」であることが多いです。

多くの場合、プレイヤーとして優秀なので、さまざまな仕事がその人に集中してきているのです。

しかも、集まっているのは、仕事だけではありません。

情報も集まれば、人や権限も集まっています。

だから、**忙しい人に提案すると、自分が思ってもいなかった「知恵」が出てきます。**

結果的に、自分が考えていた以上の回答が返ってきたり、思いもよらなかった良いアイデアに変わったりすることが多いように思います。

また、忙しい人に提案すると、**予想以上のスピードで、仕事が進みます。**

たとえば、「ああ、これだったら、○○さんに頼むといいよ。その件、すぐにつないでおくから、その後はよろしくね」といった具合です。

できる人は、相談されることにもなれているので、的確なアドバイスが瞬時に返ってきます。

このように、忙しい人に提案することは、仕事の「質」と「速さ」を同時に高める、まさに「最短距離」の仕事の進め方なのです。

一方、とくに忙しくない人に相談した場合には、「今忙しいから、後でちょっと考えるね」と、案件を持ち帰られてしまいます。

しかし、たいていの場合、ずるずると戻しを引き伸ばされた結果、箸にも棒にもかからないアドバイスが飛んできたりするのです。

その提案は「答えづらいもの」になっていないか

それでも、「忙しい人」に提案する前には、相手に迷惑だと思われないよう、ついつい必要以上に準備に時間をかけてしまう……という人もいるでしょう。

そういうときは、提案を完璧にすることより、**相手に負担のない形で意見を聞く**ことを心がけてみましょう。

たとえば、「これ、こうしたいと思うんですが、どう思います？」と軽く話しかけてみる、電話やメールで「ひと言だけでいいので、ご意見ください」と聞いてみるなど、相手が負担を感じず、すぐに反応しやすい形で意見を求めるのです。

そうすれば、相手も気楽に答えてくれますし、今後の提案の勘所もわかるでしょう。

ここで、わざわざ時間をかけて調整し、アポを取ってミーティングをセットして、きれいな資料を印刷して打ち合わせに臨んで、「これ、何だっけ？」なんて言われたら、膨大な時間がムダになります。

忙しい人に、早めに見せてみる。

これが、最短距離で目的地に到達するコツです。

06
組織人「三種の神器」

「こんなの、どう考えても不可能だ……」

そう嘆きたくなるような無理難題が、上司や取引先から降ってくること、ありませんか？

あるコンサルティング会社では、「世の中に解けない問題はない」と言うそうです。

理論上はそうかもしれませんね。しかし現実はなかなか難しい。このままの状況ではどうやっても不可能だということはいくらでもあります。

そんなとき、上司や取引先に良い顔をしたいからといって、**無理難題を安請け合いしてはいけません。**場合によっては、その依頼をつっぱねる必要もあると思います。

「大義名分」「権限」「スポンサーシップ」を勝ち取る

私は、チャレンジングな仕事を打診されたときは、次の「三種の神器（3つの要求項目）」をチェックしています。

1. **「大義名分」**……その仕事をやらなければならない論理的な理由はあるか
2. **「権限」**………予算や人などのリソースをある程度自由に使う権限があるか
3. **「スポンサー」**……社長などの経営責任者のバックアップはあるか

この3つの要素をチェックして、揃っていないようであればそれらが得られるよう、要求や交渉を行います。それが難しい場合には、仕事を断ったほうが良いでしょう。

この三種の神器なしに仕事を進めるのは、**武器を持たずに戦場に行くようなもの**。未来の自分や周囲の人々に苦しい思いをさせないよう、この3つを勝ち取ることに全力を尽くしましょう。

07

「WHY／CAN／WILL」を問う

新しい取り組みや問題解決プロジェクトなどを進めるなかで、「非協力的な人」がいることがあります。そういう人がいると、それはプロジェクトの進行全体に悪影響をおよぼすため、しかるべき対応が必要になってきます。

非協力的な人に協力してもらうためには、その人が、**「WHY／CAN／WILL」の、どこで引っかかっているタイプなのかを見極めること**が必要です。

まず、「WHY」で引っかかるタイプとは、「なぜ、その仕事をしなければいけないかがわからない」人です。

この人には、**やらなければいけない理由を、きちんと理詰めで説明する**ことが必要です。

そこさえクリアすれば、仕事を遂行するだけの能力はあるので、その後のプロジェクトは比較的スムーズに進行するはずです。

「CAN」で引っかかるタイプは、「やらなければいけないことはわかっているのだけれども、そのためのスキルが備わっていないためできない」という人。

この人には、研修を施すなど、**その仕事のやり方を丁寧に教えてあげる**ことが必要です。

すなわち、できるようにしてあげるわけです。

タイプを間違えると、協力してもらえなくなる

最後の「WILL」で引っかかるタイプは、「やるべきことはわかっているし、できる能力もあるけれども、やりたくない」という人です。

「やりたくない」というのは、単に気分が乗らないということもあれば、「あなたのことが嫌いだから、協力したくない」という場合もあります。

このタイプの人に理屈を言うと、「そんなことはわかっている」とますます反発されるので、**感情面でのケアが必要**です。

感情面でのケアというとおおげさですが、話を聞いてあげたり、何かあればフォローして、密にコミュニケーションを取るといったことで十分です。

少なくとも、この仕事をやるべき理由を理詰めでとうとうと述べたり、仕事のやり方を再度教えるよりは、このタイプの人には効果があるはずです。

万が一、あなたが嫌われているなら、他の人に説得してもらうしかありませんし、それでもダメなら、酷ですがメンバーから外れてもらうことも検討しましょう。

ありがちなのは、「CAN」タイプの人を「やる気がない」と責めたり、「WILL」タイプの人に対して、理詰めで説明したりするといった、タイプを取り違えて協力してもらえなくなってしまうパターン。これでは、お互いにちぐはぐなコミュニケーションになってしまって、うまくいきません。

「あの人は非協力的だから」と決めつけ、感情的になってしまえば、そこで終わりです。そんなときは、この3つの分類を思い出して、落ち着いた対応を心がけてみてください。

図2−2 非協力的な人の対処法

「WHY／CAN／WILL」のどこで引っかかっているのかを考える

「WHY」に引っかかるタイプ

＝ なぜ、その仕事をしなければいけないかが**わからない人** → 仕事をやるべき**理由を伝える**

「CAN」に引っかかるタイプ

＝ その仕事をやるためのスキルがなくて**できない人** → 仕事を進めるための**やり方を教える**

「WILL」に引っかかるタイプ

＝ その仕事を何らかの理由から**やりたくない人** → **感情面でのケア**を行う

08

「ミレニアル世代」に頼ってみる

解決が困難な問題があるとき、あなたが40代以上のマネジャークラスだとしたら、**「ミレニアル世代」**の力を借りることをおすすめします。

「ミレニアル世代」とは、すなわち2000年以降に成人した20〜30代のことです。

この世代は、デジタルネイティブとも言われ、働く動機や物事の発想が、それまでの世代とは大きく異なると言われています。

なぜ彼らを頼ってみるべきかといえば、**彼らは情報感度が高く、今の時代に合った解決策をたくさん持っている可能性が高い**からです。

最新のテクノロジーをいち早く利用しているのも、ネットで最新の情報をどんどん得ているのも、情報感度の高いこの世代。今や、最新の知識や時代を読み取るセンスについては、ミレニアル世代の部下のほうが、旧世代の上司を上回っています。

上司には、長年かけて培《つちか》ってきた経験やスキルがありますが、テクノロジーの発達によって、経験もスキルもすぐに陳腐化するようになりました。

かつて上司自身が見てきた「昔の上司」たちと比べても、大幅に、経験やスキルの陳腐化が速くなり、上司が答えを持てなくなっているのが、この「VUCA」の時代なのです。

部下には「未知なる課題」を手渡そう

とはいえ、もちろん上司のほうがスムーズに問題解決できる課題もあります。

私は、「未知なる課題の解決」は、部下と共同で行う、あるいは部下に任せています。

一方で、「既存タイプの課題の解決」は、自分がリードするようにしています。その多くは、工数はかかるけれども、私にとってやり方は見えやすいものばかりだからです。

スタートアップ企業が常識にとらわれない発想で新サービスを生み出し、社会の問題を解決できるのは、ミレニアル世代が中核で活躍しているからです。

思い切って若い部下に権限を委譲して、問題解決に当たってもらいましょう。きっとあなたの想像以上に活躍してくれるはずです。

一歩踏み込んで、その解決策の意図を聞く

ミレニアル世代の人材に問題解決を任せると、おそらく、自分では思いつかないような解決策が出てきます。なかには、これまでの経験と照らし合わせると、うまくいくとは思えないものもあるでしょう。

しかし、だからといって、提示された解決策を即座に否定するのはやめましょう。**あなたが理解できないだけで、実際には非常に良い方法**かもしれません。それをつぶしてしまったら、あなたは老害以外の何物でもないでしょう。

そんな時は、何か言いたくなっても、1回、その言葉をぐっと飲み込んでください。

そして、その解決策にはどんなメリットがあるのかを聞き、**目的や会社の理念からズレ**

ていないことを確認したら、多少納得がいかなくても、積極的に採用するべきです。

上司はサポート・調整役になれ!

では、上司の出番はないのかというと、そんなことはありません。

若い社員だけでプロジェクトを動かすと、その場のノリで盛り上がって、企業ビジョンやミッションなどから逸脱してしまうことがあります。そうしたことがないようにチェックして、方向性がズレたと感じたら、軌道修正することが必要です。

私がいつもすすめているのは、「何かあったら、いつでも気軽に相談して」と部下に伝えておくことです。そして、口だけではなく、実際に相談しに来たときには、どんなに忙しくても、自分の仕事の手を止めて、一緒になって解決する手助けをしましょう。

このとき、「こうしろ」「ああしろ」と、旧来の「常識」からアドバイスをすると、若い人が寄りつかなくなります。若者に伴走するイメージで、相談に乗るのです。

第3章

多様なメンバーをまとめる

―VUCA時代の「リーダーシップ」のキホン―

かつてのリーダーは、自らの経験やスキルに基づき、
部下に指示を出していれば、それでよかった。
しかし、今はテクノロジーの発達によって、
経験やスキルは、すぐに陳腐化してしまう。
なおかつ、職場の多様性は増したことで、
異なる価値観を持つ者同士が、一緒に仕事をする機会も増えた。
本章では、そんな「経験が武器にならない時代」に、
「多様なメンバーをまとめる」コツを紹介する。

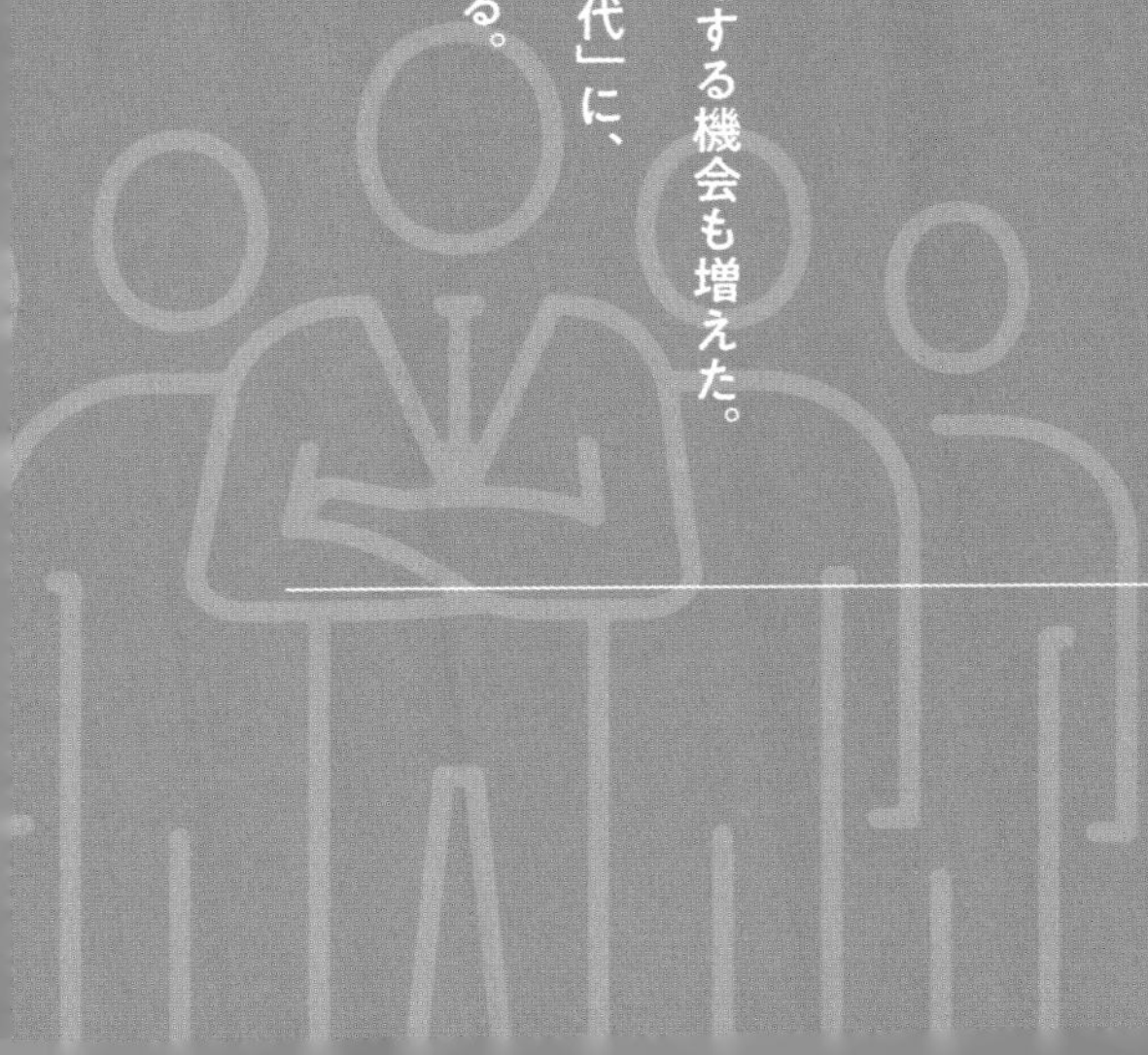

ブライト艦長のようなリーダーを目指そう

理想とされるリーダーの形は、時代によって変わるものです。

では、「ＶＵＣＡ」の世の中ではどんなリーダーが求められるのでしょうか。

まず大前提として、**「ＶＵＣＡ」の時代には、上司の側も明確な答えを持っていません。**

したがって、自分よりも、チームのメンバーを活かして答えを見つけてもらう。そんなリーダーシップが、今までに増して必要とされています。

世間を見れば、上司がメンバーに尽くしてから導く「サーバント・リーダーシップ」や、特定の人だけでなく皆がリーダーシップをとる「シェアド・リーダーシップ」など、さまざまなリーダーのスタイルがすでに提唱されています。

それらを踏まえつつ、私は、次のような人物が理想的だと考えています。

それは、「ブライト艦長」型のリーダーです。

ニュータイプを活かすオールドタイプになろう

ブライト艦長とは、『機動戦士ガンダム』シリーズに登場するブライト・ノアというキャラクターのこと。宇宙戦艦であるホワイトベースの艦長をはじめ、ガンダムシリーズを通して、名指揮官として活躍した登場人物です。

ご存知ない方のために補足すると、ガンダムシリーズの設定は、地球のそう遠くない将来、増え過ぎた人口の問題を、宇宙への移民という形で解決する時代を描いた作品です。

そのなかでは、宇宙育ちで、それまでの人類にない価値観や能力を備えた新人類、「ニュータイプ」が中心となって大活躍します。第1作目の『機動戦士ガンダム』のアムロ・レイ、第2作目の『Zガンダム』のカミーユ・ビダン、第3作目の『ガンダムZZ』のジュドー・アーシタなどの主人公は皆、このニュータイプです。

一方、ブライト艦長はニュータイプではありません。従来型の人間です。

しかし、ブライト艦長は素晴らしい戦績を残しました。

それは、自分より若いニュータイプたちの才能を見出して、彼らをつぶすことなく活躍させたこと。それによって、部隊としての成果を最大化させたことです。

自分には才能がなくても、自分以外の才能あるメンバーに最大限の力を発揮させることで、目覚ましい結果を生み出す。このようなブライト艦長の生きざまこそが、これからのリーダーが目指すべき姿だと、私は考えています。

多様な人材を活躍させるリーダーを目指せ

最近は、ダイバーシティの重要性が強く叫ばれています。

その背景の1つが、人々の生活が豊かになったり、グローバル化が進んだりしたことで、お客様のニーズが多種多様になったこと。

当然、そのニーズを摑むには、**商品・サービスを提供する側も、多種多様である必要があります。**イノベーティブな商品などを生み出すなら、多様な視点からの意見を戦わせることが不可欠なわけです。

第2章で、情報感度の高い「ミレニアル世代」の若者に任せることの大切さをお話ししましたが、活かすべき人たちは若者だけではありません。

外国人やシニア、出産等で離職した女性、リモートワークで働きたい障がい者や海外居住者、博士号取得者など、多様な人たちが能力を発揮できるようにすることが重要です。

本来は、こうした多様な人材に活躍してもらう、会社ぐるみの取り組みが必要です。

しかし、現実には会社はなかなか変われません。それならリーダーを務めている人は、自分のリーダーシップのスタイルを変え、自分のチームだけでも変えていくべきです。

こう考えると、リーダーシップは、世代やキャリアに関係なく万人に求められる能力と言って良いでしょう。

「VUCA」の時代には、この「多様性」とうまく向き合う必要があるからです。

第3章では、私の経験も交えながら、多様な人材をまとめるためのリーダーシップのポイントを紹介していきたいと思います。

01

「エンゲージメント」という言葉を知る

リーダーが、多様なメンバーの力を引き出す上で、最も大切なことは何でしょうか？

私の答えは、**「メンバーのモチベーションを高めること」**。

「良いリーダーは、例外なく、優れたモチベーターである」というのが私の持論です。

ただし、何でもいいからモチベーションを上げれば良いというわけではありません。

たとえば、「給料のアップ」というニンジンを吊るすことで、モチベーションを刺激するのはどうでしょうか。

たまにやる分には効果的かもしれませんが、お金だけを原動力にしていたら、長続きしません。人の感覚は麻痺しますし、原資だって限りがあります。

本当に貢献してもらうためには、**「エンゲージメント」**も高める必要があります。

エンゲージメントと従業員満足度の違いとは？

エンゲージメントとは、「会社のビジョンやミッションに対して、社員が共感している状態」を指す言葉です。社員のパフォーマンスの最大化や、優秀な人材確保と関連が高い指標として、近年、グローバル企業の間でよく使われるようになりました。

エンゲージメントと似て非なる言葉に、「従業員満足度（ＥＳ＝Employee Satisfaction）」があります。ＥＳは、仕事に関係なく、勤務先の社員がその環境に満足さえしていれば高くなります。だから、社員食堂や福利厚生を豪華にして、ＥＳを高めようとする会社が一時期増えました。

ところが２０００年代後半、このＥＳが非常に高く、「優良企業」とされていた会社が、次々に倒産してしまい、ＥＳは疑問視されるように。その結果、「会社の方向性」に対する満足度にフォーカスした「エンゲージメント」が注目されるようになったのです。

エンゲージメントが高いということは、「うちの会社は、このようなビジョンやミッションを掲げている。その達成に向けて、働いてくれないか？」という会社側に対して、社員側も「そのビジョンやミッションが達成できるよう、全力を尽くします！」と、納得して受け入れていることを意味します。

社員は、イヤイヤではなく前向きに働いているので、結果も出やすくなります。結果が出れば、それはビジョンやミッションの達成を意味するので、さらにモチベーションが上がる、という好循環を生み出せます。会社にとっては、ビジョンやミッションに沿って社員が働いてくれるのですから、言うことはありません。

逆に、メンバーのエンゲージメントが低いということは、ビジョンやミッションに賛同していない、もしくはそれにそぐわない仕事を無理矢理やらせている状態です。これでは、職場が殺伐としてしまい、心を病むメンバーも出てきて、どんどん泥沼にハマります。

日本企業のエンゲージメントは世界最低レベル

実は、**日本企業の社員は、この「エンゲージメント」が極端に低い**と言われています。

米国ギャラップ社が、世界1300万人のビジネスパーソンに行った調査によると、日本企業はエンゲージメントの高い社員がわずか6％。アメリカ企業の32％と比べて極端に低く、調査した139カ国中、132位と世界最低レベルだったそうです。この結果はIBMを含むその他の多くの調査でも、似たような結果になっています。

つまり、日本企業のビジネスパーソンは、「会社の方向性に納得しておらず、イヤイヤ仕事をしている人が多い」ということです。

だからこそ、これからの日本のリーダーは、メンバーのエンゲージメントが高まるよう、積極的にサポートすることが大切です。とくに、**多様な人材を引っ張っていく場合には、ビジョンやミッションを共有することが欠かせません。**

それさえ十分に共有できれば、あとはどんな服装だろうが、どこで働いていようがかまわないというのが、これからのチームのあり方になる、と私は考えています。

02

「三年後、どうしたいの？」とたずねる

ＶＵＣＡ時代に、メンバーのエンゲージメントを高めるために、リーダーは何をすべきでしょうか。

まず、基本的な考え方は、**「会社と個人のやりたいことを、可能な限り一致させる」**ことです。

このとき、ビジョンやミッションなど、会社のやりたいことは本来は変わらないので、現実的には、個人のやりたいことを、会社のやりたいことに近づけていきます。

すり合わせるためには、まずメンバーのやりたいことやキャリアビジョン、仕事に対する価値観などを把握することが重要です。

定期的に1対1で面談を行うことも大切ですが、それに加えて、日々、こまめにコミュ

ニケーションを取ることで、メンバーの考えを理解しやすくなります。

メンバーが抱く「理想の未来」を知る方法

こういった話をすると、時々こんな反応が返ってきます。

「今どき、やりたい仕事や具体的なキャリアビジョンがあるメンバーなんて少数派。聞く意味なんてあるのだろうか？」

たしかに、メンバーと雑談をする暇もないほど忙しい昨今、リーダーがこのように考える気持ちもわかります。

そうした方々に私がすすめるのは、「三年後、どうしたいと思っているの？」と、ほんの少しだけ先の希望や展望をメンバーにたずねてみることです。「三年後」の部分は、一年後でも五年後でもかまいません。回答しやすくすることが目的だからです。

このように聞いてみると、「○○のスペシャリストになりたい」「今は育児を優先したい」

など、そのときメンバーが感じている「やりたいこと」が、思った以上に出てくるはずです。それに基づき、普段の仕事の任せ方やコミュニケーションも、それに応じた形に変えるのです。

たとえ、明確にやりたいことが返ってこない場合でも、「実はこういうことに迷っている」とか、「どうしたら良いと思いますか？」といった、雑談や相談にはなります。

この場合は、そこからどう考えているのかがわかるので、その人のやりたいことが見えてきます。

つまり、やりたいことがまったくない人なんていない、ということです。

だから私は、**「どんな人でも『成長したい』という気持ちを持っている」**と考えて、メンバーと接するようにしています。

そうすると、メンバーも次第に心を開き、信頼関係を構築できるはずです。

「やりたくないことは何？」くらいでも良い

それでも「いきなり三年後のことを聞くなんて、ハードルが高い！」と思った人は、視点を変えて、まず**「やりたくないことは何？」**とたずねるのも良いアイデアです。

こちらも聞いてみると、「ごちゃごちゃした契約書の処理はしたくない」「嫌煙家なので、タバコに関わる会社との仕事はしたくない」などと、いろいろな反応が返ってくることでしょう。そうすれば、そこから転じて、部下の「やりたいこと」も見えてくると思います。

もちろん、部下の希望を聞いたからといって、すべてを叶えることはできません。しかし、メンバーの思いが少しでも出てくれば、そこを突破口に対話ができます。そうすれば、以前よりメンバーが納得いく形で、仕事をお願いできるようになるはずです。

やりたいことは、普段の業務を見ているだけでは、見えてこないもの。

会社のミッション・ビジョンと部下のやりたいことをすり合わせるためにも、まずはひと言、話しかけてみましょう。

03

どんな仕事でもやりたい人は必ずいる

「メンバーにはやりたい仕事をさせるべき」というと、「そんなことをしたら、最終的に誰もやりたくない仕事ばかり残るのではないか。そうすれば、最後に巻き取らなければいけないのはリーダーだ」と主張する人がいるかもしれません。

しかし、私の経験上**「どんな仕事でもやりたい人が必ずいます」**。

たとえあなたが「こんなの誰もやりたくないだろう」と思うような仕事でも、**一度試しに募《つの》ってみてください。必ず、手を挙げる人がいます**。

たとえば、一見誰もやりたくなさそうな仕事でも、中長期的な視点で見ると、自分のやりたいことにつながりそうだと思って、手を挙げる人がいるかもしれません。多様性を重視する理由は、ここにもあるのです。

むしろそうすることで、よりやる気のある人に仕事を任せることができるようになり、その人はエンゲージメントが高まります。このように仕事の配分の最適化ができれば、エンゲージメントの好循環が生まれるのです。

だから、あなたがやりたくない仕事だからといって、雑用仕事のように適当な誰かに振るのではなく、それをやりたいというメンバーを探すことも大切です。

社外のネットワークを広げれば、やりたい人が見つかる

部署内にやりたい人がいなくても、他の部署、あるいは社外にやりたい人がいる可能性もあります。そうした人を見つけ出してくるのも、リーダーの役目です。

仕事を頼める人を見つけ出すには、社外のネットワークを広げておきましょう。できれば、**週に1日、少なくとも月に1日ぐらいは、外の会合に時間を割いても良い**はずです。

あるいは、「ランサーズ」や「クラウドワークス」などのクラウドソーシングサービスを利用して、仕事を発注しても良いでしょう。今の世の中、やり方はいくらでもあるのです。

04

チームや個人向けの目標に設定し直す

上から達成不可能と思われるノルマが課せられた。とても売れない商品を売れと言われた……。おそらく、ほとんどのリーダーはこうした経験があることでしょう。

もちろん、伝書鳩のようにそれをそのままメンバーに言うわけにはいきません。

しかし、たとえば、「(売れない商品を)半年で100万個売らなくてはならない」というような場合、できないリーダーは、「これだから上は……」と言いながら、その高過ぎるノルマをそのままメンバーのノルマとして押しつけてしまいがちです。

こんなことでは、メンバーのモチベーションは下がり切ってしまい、さらに目標の達成から遠のいてしまうことでしょう。

「自分にプラスになる」と思える目標に

こうしたときのポイントは、**会社から課せられた無茶な目標を、チームや個人に合わせた別の目標に設定し直すこと**です。

最も理想的なのは、**メンバー一人ひとりに合ったゴールを設定すること。**

たとえば、人と会うことが好きな営業担当には、「月50人に会いに行く」というようなプロセスを目標として設定する。社内外で通用する自分ブランドをつくり上げたいと思っている営業担当には、「講師として商品の使い方を説明するセミナーを企画・開催する」ことを目標として設定する、といった具合です。

要は、無茶な目標設定のなかでも、**「自分のキャリアにプラスになる」とメンバーが思えるような目標に設定し直す**のです。

また、長期的に見れば、ここで築いた目標設定が、後々の大きな実績に影響を与えることも少なくないはずです。

05

まず、上司から相談する

チームのメンバーがいきいきと働いているリーダーに共通しているのは、**「メンバーにとって遠慮なく相談できる相手であること」**です。

困ったときにすぐ相談できれば、部下の仕事が大炎上するようなことはありません。

また、リーダーも現場のことをしっかり把握できるので、都度適切な指示ができます。

では、どうすれば遠慮なく相談してもらえるようになるのでしょうか。

私がおすすめするのは、**「まずは、上司から相談する」**ことです。

たとえば、何か困っていることがあったら、メンバーに、

「こういうことで困っているんだけど、何か良い手はないかなあ？」

「最近のデジタルツールで何か解決できないかな?」

などと、気軽に相談するのです。

このように、上司があれこれメンバーに聞きまわっていると、「じゃあ、自分も相談して良いのかな?」という気になります。

そして、何かあったとき、遠慮しないで相談してくれるでしょう。

「こんなこと聞いたら、バカにされるかな」「上司の威厳が保てないのでは……」と思うようなことでもOK。むしろそういうことこそ、メンバーに聞いてみましょう。

VUCA時代、上司は何でも知っている完璧な存在であることは不可能ですし、メンバーもそんなことを求めていません。思い切って聞いてみれば、バカにされるどころか、親近感すら覚えてくれることでしょう。

一言目には「連絡ありがとう」

次に私が心がけているのは、メンバーが連絡をくれたとき、どんな内容であっても最初に**「連絡ありがとう」**とお礼を返すことです。

「上司に連絡をすると、迷惑かもしれない」と思っているメンバーは、あなたが思っている以上に多いのです。そうした不安を覚えているメンバーに対し、まず感謝の意を伝えることで、「連絡をしても迷惑ではないんだな」と感じてもらうわけです。

私の知る、ある経営者の心がけも参考になります。

彼は、「お忙しいなか、すみません」と言って相談に行くと、必ず**「おお、暇だよ」**と言っていました。

絶対に暇なはずがないのに、そう言ってくれると、こちらも気が楽になります。

また、誰でも相談しにきやすいように、**部屋のドアは常に開けていました**。こういう小さな工夫をするだけでも、メンバーの気持ちは大きく違ってきます。

ちなみに、そんな姿勢を続ける彼には、人も情報もたくさん集まっていたので、自然と実績も上がり、スルスルと出世していきました。忙しいなかでもウェルカムな姿勢を忘れなければ、長い目で見て得になるというわけです。

気軽な連絡手段はどんどん取り入れる

最近で言えば、メンバーが気軽に連絡してくれるようにするためには、**「メンバーが使いやすいコミュニケーションツールを認める」**ことも大切でしょう。

たとえば、第1章でご紹介したＳｌａｃｋなどのビジネスチャットツールは、ミレニアル世代には利用者がたくさんいます。

ところが、ミレニアル世代に話を聞くと、信じられないことに、ＳｌａｃｋやＬＩＮＥを仕事で使うことを上司が認めてくれないケースは、いまだにあるようです。

「カジュアルなチャットなんて、仕事ではふさわしくない」というわけですね。

しかし、最も優先すべきは、**気軽に報告・連絡・相談をしてくれる関係をメンバーとの間に築くこと**です。

良好な関係を築くためには、メンバーが使いやすいと感じるツールは認めてあげるべき。ほとんどの場合、1年後には「導入して良かった」となるはずです。

06

根拠のない数値目標でも立てないよりはずっと良い

「目標を数値で表すこと」の重要性は、説明するまでもないでしょう。

「１カ月で５００万円を売り上げる」「経費を前年比20％削減する」というように、**数値で表すと、目標が明確になり、達成するための計画が具体的に立てやすくなります。**

とくに、チームで何か目標を達成したいなら、目標を数値化し共有することは必須です。

誰かに伝えたり、共有したりするときに、数値ないしは客観的に見てわかる形にすることで、**各々の勝手な解釈が入らないような定義になる**のです。

「頑張る」ではなく、何かしら具体的な数値を設定して、そこまで頑張る。

「素晴らしいチームにする」ではなく、その素晴らしさを具体的に表現する。

目標へのアプローチは、いついかなるときも、これが基本です。

数字を掲げることでチームがそこへ向かう

とはいえ、仕事によっては、数値を設定しにくい仕事もあります。しかし、そんなときは、**根拠のない数字でもかまわないので、目標を数値化しましょう。**

たとえば、私は以前、人事部門にいるときに、若い人を積極的に登用するためのプロジェクトを行っていました。

その際、「主任への昇進年齢を4歳下げる」という目標を掲げたのですが、実は、この「4」という数字には何の意味もありませんでした。1だと少ないけど、5だと多い。そういえば、今年は4年に1回のサッカーW杯の年だから、4にしようか、と……。

そんないい加減な目標でしたが、面白いことに、この目標は見事に達成できました。

その要因の1つとして、4という具体的な数字を掲げたことは大きかったと思います。

100万部売る！　と目標を掲げた私の話

目標は少し頑張れば達成できるぐらいに設定するのがセオリーですが、ときには、あえてハードルが高い目標を掲げることも有効です。

そうしたときも、**途方もない数値を目標に掲げると、インパクトが出ます。**

これは私の例なのですが、1冊目の本を書いたときに、本ができ上がって悦に入っている私に、編集者から「河野さんはこの本を何部売りたいですか？　1万部？　10万部？　それとも100万部？」と聞かれました。

当時の私が軽い気持ちで100万部と答えると、**「では、死ぬ気で100万部売ってくださいね」**と言われたのです。

すっかり舞い上がっていた私は、そのひと言で、「ハッ」としたのを今でも覚えています。

「そうだ。本は、つくることが目的ではなく、自分の考えを世界に広め、読者の役に立つことこそが目的だったんだ」

とはいえ、正直、「100万部なんて売れっこないだろう……」と思いましたが、目標を決めたからにはやらねばならぬ、と決意。本業が休みの日に書店回りをしたり、「嫌がられているかも……」と思いながらSNSでつぶやき続けたり、できる限りの努力をしました。

その結果、100万部には届きませんでしたが、数十万部を買っていただけたのです。その後の続編などを含めると、今では140万部を突破できました。

もし、「100万部」という途方もない目標ではなく、「3万部」といった現実的な目標や、「たくさん売る」といったあいまいな目標を掲げていたら、こんなに努力しませんでしたし、ここまで売れることもなかったかもしれません。

同じように、チームのメンバーが望むなら、ときには**荒唐無稽な数値目標を掲げてみる**のはいかがでしょうか。すると、達成するための知恵が出てきて、予想以上の成果が達成できるかもしれませんよ。

07

血が出るほどに舌を噛む

経験がない人に仕事を任せれば、失敗はつきもの。

しかし、失敗を厳しく指摘すると萎縮《いしゅく》してしまい、能力を発揮できなくなります。

米国の製造業スリーエムには**「キャプテンは血が出るほどに舌を噛む」**という格言があるといいます。上に立つ人は、それぐらいギリギリまでモノを言うのを我慢するべきです。

少なくとも、凡ミスしたメンバーを、感情的に強く叱っても、良いことはありません。

どうしても叱らなければいけないときも、冷静にひと言告げるくらいが効果的です。

そのほうが、メンバーも危機感を覚え、自分のミスを冷静に見つめ直すものです。

これは私のリーダーとしての実体験ですが、あるとき、クライアントを激怒させたメンバーがいました。話を聞くと、こちら側の完全な不手際で、そのメンバーに同行して謝罪に行くことになりました。

一般的には、強く叱っても仕方のない状況だと思いますが、私はそうしませんでした。「今回のことは重く受け止めてほしい」と、ひと言だけ言ったのです。

すると、そのメンバーは真摯《しんし》に反省し、翌日から人が変わったように仕事に対する姿勢を改め、その後も大きく成長しました。

叱らないほうが、インパクトは大きい

実は、私自身も新人時代に同じような経験をしたことがあります。

私がつくったプレゼン資料について、クライアントから間違いを厳しく指摘されたことがありました。しかし、当時の上司はひと言も私を責めなかったのです。そのとき、「二度とこの人に恥をかかせてはいけない」と強く思ったことを、今でも覚えています。

上司の仕事は、メンバーのモチベーションを高めること。

それを念頭に置けば、**感情的に叱ることは無意味**だとわかるはずです。

08

耳の痛いことは「1つに絞る」

前項で「リーダーはできるだけモノを言うのを我慢する」という話をしましたが、ときには、メンバーのミスを指摘しなければならないこともあります。

普段からメンバーに口を出すのを我慢していると、指摘するときに、その分つい、あれもこれもと注意したくなりますが、それはご法度《はっと》。

耳の痛いことをいくつも言うと、メンバーのキャパシティを超えてしまい、パニックになったり、気分を害して聞く耳を持たなくなります。これでは、何も解決しません。

耳の痛いことを伝えるときは、必ず1つだけに絞るのが鉄則です。

たとえ指摘すべきことが複数あったとしても、伝えるのはそのとき、最も優先順位が高いことだけに絞りましょう。

反対に、良かったことに関しては、たくさん言われるほど嬉しいので、一度にいくつも伝えてOKです。

間髪入れずに伝えることも重要

また、耳の痛いことを伝えるときは、ミスがあってから時間をおかずに、その場で即座に指摘することも大切です。

ありがちなのは、年に数回の面談のときまでためておいて、そのときに指摘するリーダー。そうすると、メンバーも詳細を忘れていますし、ミスを蒸し返されるのは誰にとっても気分の良いものではありません。

改まった場を設ける必要はないので、**耳の痛いことは間髪入れずに伝える**と良いと思います。

09

上の世代をリスペクトする

2004年に、プロ野球への新規参入をめぐって、三木谷浩史社長が率いる楽天と、堀江貴文社長が率いるライブドアが、競い合ったことがありました。このとき、ライブドアが先に動き出したにもかかわらず、楽天に軍配が上がったのはご承知の通りです。

その理由は、**権力を持つ上の世代（特定の人物とも言われている）に対する2人のスタンスの違いがあった**、と言われています。

堀江さんは、上の世代をスルーしてしまったのに対し、三木谷さんは、上の世代と対決するのではなく、礼を尽くしたということです。そうして重鎮から好印象を持たれたことで、楽天がプロ野球への参入に成功したというわけです。

上の世代へのリスペクトが、勝負を分ける

私は、会社組織でも、同じことが言えると思います。

上の世代をバカにしたり、常に対立していた人よりも、話を聞き、力を借りようとしていた人、もしくはうまく利用した人のほうが、成果を出している。

上の世代は、現実的には、権力、経験、知恵を備えています。これを利用しない手はありません。アイデアや体力で勝る若い世代にそれらが加われば、鬼に金棒です。私も20年以上キャリアを積んできて、そのことを実感するようになりました。

２０００年前後に、「ビットバレー」と称した、渋谷のＩＴベンチャーブームがありました。その後を見てみると、上の世代の協力を仰ぎながらビジネスを進めていた経営者は今も生き残っていて、そうでない経営者は姿を見なくなりました。

若い人との関係も重要ですが、**自分より上の世代の知恵も活用していく**ことを考えるべきです。自分の周囲にあるリソースはすべて活用する意識を持ちましょう。

10

窮地に立っても「笑顔」

管理職をしていると、トラブルは避けては通れません。

VUCA時代には予想できないトラブルも増えるでしょう。ときには、会社に大きな損失を与えかねない事態に直面することもあります。

しかし、そんなときこそ、**リーダーは「楽観的」で「笑顔でいること」に努めましょう。**

リーダーがあたふたしていたら、メンバーはさらに動揺し、ますますトラブルが大きくなります。

会社が傾く大ピンチでもニコニコ

118ページで、相談に行くと必ず、「お、暇だよ」と言ってくれる経営者の話をしました。その方がまさに、「どんな窮地に立たされても、楽観的で、笑顔でいる」人でした。

それに気づいたのは、ある大規模なプロジェクトが、会社に大きな損失を与える可能性がわかったときのことでした。日々の会議では、皆、沈んだ表情をしていたのですが、その方だけは違いました。常に笑みをたやさないのです。

リーダーが穏やかにしているので、メンバーは安心し、仕事に全力投球ができました。その結果、窮地を切り抜けることもできました。その方は、元々楽観的なところもあったのだとは思いますが、メンバーのことを思って、「楽観的に見せていた」のでしょう。

「リーダーシップとは、半分以上が演技」。私はそう考えています。

リーダーは、自分が思っているより、周りから見られているもの。

仮に何気なくため息をついても、周りにいる人は「もしかして、自分のことではないか」と気にするものです。そういう無用な気遣いをさせない責任もリーダーにはあるのです。

リーダーとなったからには、自分の気分が乗らない日でも、メンバーが安心できる雰囲気を醸し出すことを心がけましょう。

11

年上のメンバーは「人生の先輩」

リーダーになったばかりのときに、対応に悩むのは、「年上の部下」でしょう。
最近は年上の部下が珍しくありません。他社から転職してくることもあれば、役職定年などによって50歳を過ぎた先輩社員が、自分のメンバーになることもあります。時には、かつての上司がつくことも……。

とはいえ、誰がメンバーになろうと、接し方は変わらない、と私は考えています。
原則として意識しておきたいのは、「相手をリスペクトすること」です。

仕事上では上司と部下という関係なので、たとえ元上司だろうと、変な遠慮をする必要はありません。頼むべきことは頼むべきですし、期限までにできていなければ、なぜできていないのか、しっかり注意するべきでしょう。

「元々は俺が教えてやったのに、偉そうに」と思われても、そこは譲ってはいけません。しかし、礼節は守るべきです。

敬語を使うのは言わずもがな、頼み方にしても丁寧に話すべきです。

仕事の外でさまざまな相談をする

一方、ランチや飲み会など、一旦仕事を離れた場では、「人生の先輩と後輩」という関係に戻りましょう。

たとえば、私は、年上のメンバーによく相談ごとをします。

自分の子どもより年上の子どもがいる方の場合は、「いま子育てで、こんな悩みがあるんですけれども……」といった相談を、いろいろとしています。

こうすると、上司と部下という関係を抜きにして、リスペクトしていることが伝わるので、人間関係も良くなります。アドバイスももらえて悩みも解消できて、一石二鳥です。

12 メンバーの異動や転職を助ける

メンバーの今の仕事が本人にとっても辛そうで、客観的にも向いていないときがあります。その場合は、必ずメンバーの意向を汲み取りながらも、**上司としての考えをしっかり伝えて対話するようにしましょう。**

その結果、あなたの下を離れる可能性も出てくるかもしれません。しかし、ＶＵＣＡの時代には、**人材の流動性を上げることは、日本の組織の健全化のためにも必要**です。長期的に見れば、そのメンバー、ひいては組織・社会のためにもなるでしょう。

むしろ、こんなときにやってはいけないのは、思いつきや過去の価値観で「君のキャリアを考えれば、必ず役に立つ」とか、「今我慢しておけば、良いことがある」などと、その場しのぎの発言で言いくるめようとすること。同じ組織にずっと居続けることを前提にしたこれらのコメントは、今や無責任な発言と言って良いでしょう。

一時的にきつくなっても、長い目で見ればプラス

また、そのメンバーのやりたい仕事が、今の部署ではできないこともあります。

他の部署に異動させたほうが良いケースもあれば、場合によっては、転職が必要なこともあるでしょう。

そんなときは、**上司が異動の手助けをしたり、転職のアドバイスをしたほうが良い**と、私は考えています。


もちろん、今は人手が不足しているので、欠員が出ても補充してもらえないかもしれません。そのメンバーが他の部署に行けば、業務がキツくなる可能性は高いでしょう。

しかし、やりたくない仕事をムリにさせても、成果は上がりません。

それよりも、親身になって接する姿勢を見せれば、他のメンバーからも信頼が高まります。長い目で見れば、上司自身にとってもプラスに働くはずです。

13 飲み会は5時開始

「ノミュニケーション」は過去の話――。

最近は、多くの会社で飲み会が減っていると聞きます。

「会社の上司となんか飲みたくない」という若い人が増えていたり、仕事が忙しくて余裕がなかったり、と要因はさまざまでしょう。

しかし、私は**たまになら飲み会をしても良い**のではないかと考えています。なんだかんだで、メンバーの心の距離が縮まり、チームの意思の疎通が図れるようになるからです。

参加したくない人をムリに誘う必要はありませんが、参加者を増やす手はあります。

それは**「早く始めて、早く終える」**ことです。

早く終えればストレスは少ない

私のチームでは、懇親会や忘年会などを行うときは、5時台から始めて、7時台には終えるようにしています。

7時台で終われば、自宅には、8~9時台には帰れますから、メンバーも、帰宅が遅くなるストレスを感じずにすみますし、翌日に疲れを残すこともありません。やろうと思えば、帰りにショッピングもできますし、自宅で、子どもとお風呂に入ることも可能です。

もちろん、いくら一次会が早く終わっても、上司・先輩が部下・後輩に説教をしたり、二次会、三次会に連れ回したりすれば、台無しですから、その点もケアしましょう。

このような環境づくりをすれば、参加者も増えるはずです。ぜひ試してみてください。

第4章

働き方の持続可能性《サステナビリティ》を高める

―VUCA時代に「働き続ける」キホン―

60歳で定年し、後は悠々自適な暮らし。
そんな時代は、すでに過去のものだ。
心身ともに健康に過ごしながら、
一生食える人材であり続けるためには、
「自分に対する投資」が、必要不可欠。
本章では、具体的な自己投資の方法を紹介しながら、
「働き方の持続可能性《サステナビリティ》」を高めていく。

「自分への投資」を始めよう

人生100年時代――。

100歳を超えて長生きする人は、もはやそれほど珍しくありません。あなたも、100歳以上まで生きる可能性は十分にあるでしょう。当然、「現役」の期間も長くなります。

しかし、同時に世の中は「VUCA」の時代でもあります。

これが意味するのは、**「先の見えない時代にもかかわらず、長く働き続けなければならない」**ということです。

その可能性をリアルに考えた場合、まず何から手をつければ良いのでしょうか。

私は、**「自分への投資」**こそ、今必要な考え方だと思っています。

数十年後も働き続けるために、自分に投資

自分への投資と言っても、株や投資信託といった金融商品や不動産などへの投資のことではありません。

もちろんそちらも大切でしょうが、私がここで言いたいのは、**「何歳になっても働いて稼げる自分」**であり続けるための投資です。

今までなら、目の前の仕事を極めて、それに邁進《まいしん》していれば、定年まで勤め上げることができました。だから、「自分への投資」なんて、考えなくても良かったのです。

しかし、今は、経験やスキルが、すぐに「陳腐化」してしまう時代になりました。一度身につけたスキルだけで、その後何十年も稼ぎ続けることは、現実的でなくなっています。

だからこそ、変化に対応するために、新たな経験を積んだり、スキルを身につけたりといった、自分に対する投資が必要です。具体的には、「ビジネススクールなどに入って学び直す」「転職や副業など、新天地に身を置く」など、有形無形の投資が必要になります。

あなたは「ウインドウズ2000」になりたいですか？

「何歳になっても働いて稼ぐ」と言いましたが、「将来食べられなくなる」という危機感だけでは、働き続けるモチベーションを保つ原動力としては弱いように思います。

私は、**「自分が人生をかけて成し遂げたいこと」を見つける**ことも大切だと思います。

なぜなら、自分のやりたいことが明確になると、日々のモチベーションがガラッと変わるからです。そうすると、日々の行動すべてが「自分への投資」につながります。

ある企業では、年収2000万円だけど窓際族で、毎日PCゲームのソリティアしかやることがない人のことを、「ウインドウズ2000」というそうです。

ある意味では、楽に十分な収入も得られて、その瞬間は幸せな人生かもしれません。

しかし、そんな人生をあなたは送りたいですか？

ファイティングポーズを取り続ける

やりたいことは、**今は見つかっていなくても、探し続けること自体に意味があります。**
「自分のやりたいことは何だろう?」と悩み続けて、「これかな?」と思うものに近づいてみたら、やっぱりどこか違った。それはそれで良いのだと思います。

少なくとも、「やりたいことなんてない」「見つけても意味がない」と諦めてしまうよりは、探している途中で「これだ!」というものに出会える可能性は高くなります。

私は、これを**「ファイティングポーズだけは取り続ける」**と、表現しています。
そうすれば、どこかで、自分が人生をかけて取り組みたい目標に出会えるでしょう。

本章では、VUCA時代に、「今から自分にどのような投資をするべきか」、そして「自分が人生をかけて成し遂げたいことをどのように見つけるか」、この2点を中心に、「自分への投資」のポイントについて議論していきます。

01 アーリーアダプターがいる環境に身を置く

近年は、ITの進化によって、新たなビジネスや技術、ツール、理論などが次々と登場し、インターネットで拡散されて、急速に広まるようになりました。

ITツール1つとっても、SlackやChatworkといったビジネスチャットツールや、Zoomのようなテレビ電話アプリなどがどんどん現れ、今では日常的に使われるようになっています（もし使ってなければ、真剣に危機感を持ってくださいね）。

いつまでもビジネスの最前線で働くためには、常に新しい情報を取り続けて、ビジネストレンドの変化についていく必要があります。

ところが、**人は年を取るほど、保守的になる**ものです。新しいビジネスツールが出てきても、拒否反応やマウンティング（あれは一過性のものだ、というこじつけなど）、または諦めを示すようになり、かたくなに古いやり方にこだわり続けたりします。

些細なことだと思うかもしれませんが、新しいツールが使えなくなることで、「あの人は今の仕事のやり方についていけない」と思われ、居場所を失うことにもなりかねません。

コミュニティにいるだけで新しい情報が入ってくる

実は私自身、どちらかというと元来は保守的な人間で、油断していると時代に取り残されてしまう危機感を常に抱いています。

そこで実践しているのが、**「アーリーアダプターがいる環境に身を置く」**ことです。

アーリーアダプターとは、アメリカの社会学者であるエベレット・M・ロジャーズが提唱した「イノベーター理論」に出てくる言葉。この理論は、イノベーションが普及していく過程を5段階で示した理論です。

イノベーティブだけれども未知数な製品やサービスを最初に利用する**「イノベーター」**

に続き、比較的早い段階で取り入れるのが**「アーリーアダプター」**です。

アーリーアダプターやイノベーターがたくさんいるようなコミュニティに身を置くと、自分から情報を探さなくても、最新のビジネストレンドや、便利なビジネスツールなどの情報が次々と入ってきます。

さらに、私はそうした最新情報に触れたら、**聞き流すのではなく、自分で調べたり、質問したりする**ようにしています。

なぜなら、彼らは最新の情報を人に教えるのが好きなので、快く教えてくれるからです。

そして、そのツールを実際に使ってみます。私は、リンクトインやツイッター、Ｓｌａｃｋなどを始めたタイミングは早いほうだと思うのですが、それは彼らの影響です。

タダ乗りするだけでなく、自分からも発信する

書籍に関しても、アーリーアダプターやイノベーターのうち、**信頼できる人がすすめている本を読む**ようにしています。

図4-1　**イノベーター理論**

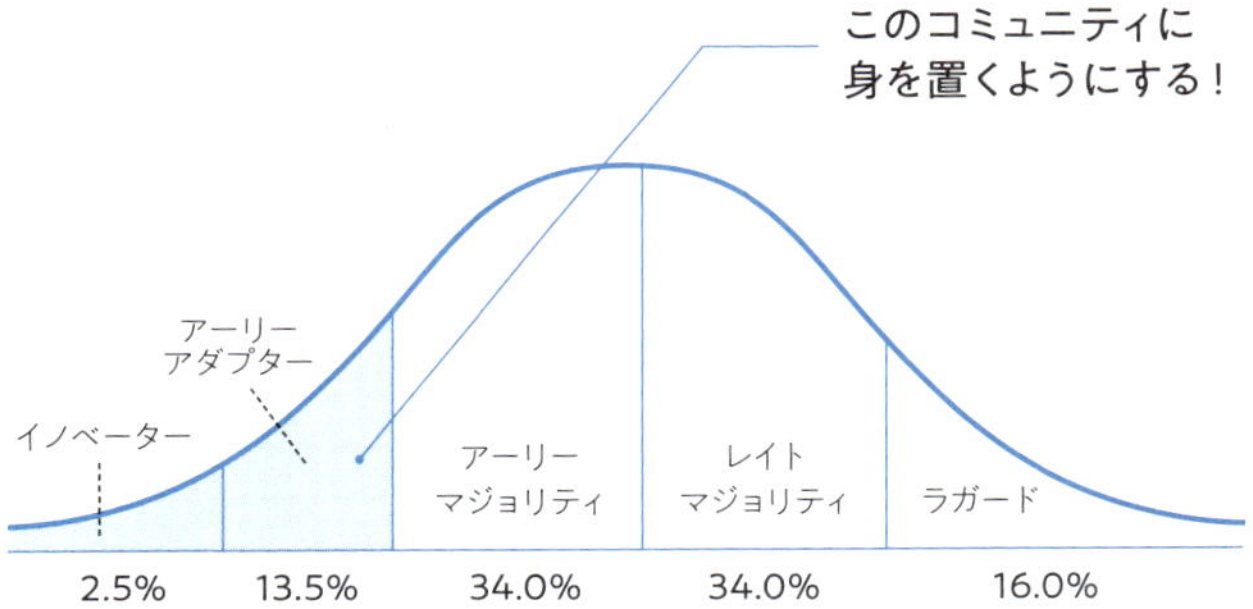

一度、彼らの目利きを通っているので、いわゆる「外れ」を引くことが少なく、本を選ぶ労力をかけずに、良書に巡りあえます。

このとき、情報を一方的に仕入れて、タダ乗りして満足するだけでなく、自分でも「こんな新しいツールを試したよ」と、彼らに情報を発信していくと良いでしょう。

すると、その情報に反応した人から、「このツールも良かったよ」などと、さらに新しい情報が入ってきます。

このようなことを心がけていれば、時代に取り残されるようなことはないはずです。

02

フラットな仲間をつくる

アーリーアダプターの友人や知り合いなんていない、という人でも、最近はさまざまな種類のコミュニティが開かれているので、それらに参加することで、既存の人間関係では出会えない人とも、知り合うことができます。

たとえば私の場合は、30代後半でグロービス経営大学院というビジネススクールに入り、MBAを取得しました。通うのは大変でしたが、私は入って良かったと感じています。

そう思う理由の1つが、**「さまざまな年齢、立場の仲間ができた」**ことです。

フラットな関係が刺激を与えてくれた

同級生は、年齢層は20代後半から40代まで幅広く、業種や企業規模、会社でのポジションも多種多様でした。

なかには、若いのにすでに会社で大きな仕事を成し遂げている人もいて、自分も負けてはいられない、という気になりました。

しかも、そんな同級生たちとは、**年齢やポジションを問わず、タメ語で話せるフラットな関係**。同級生がそれぞれ培ってきた経験談を、上下関係にとらわれずたくさん聞くことで、自身が経験していないことを疑似体験でき、新たな知見を増やすこともできました。

ここで得られた刺激は、**本を読んだり、講演を聞いたりしただけでは、感じることができなかった**ものだと確信しています。

そんな同級生たちとは、卒業後も交流が続いています。社会人になると、利害関係なく共に助け合い、切磋琢磨《せっさたくま》できる仲間をつくれる場は、なかなかありません。

それだけでも、ビジネススクールに行く価値はあったと思っています。

03

教養を身につけて自分の軸をつくる

状況が目まぐるしく変わり、正解が明確でない「VUCA」の時代には、**自分のなかに、何らかの「思考の軸」を持つことが必要**だと私は考えています。

こうした思考の軸を持つ上で、大切だと感じているのが**「教養」**です。

哲学、宗教、日本史、世界史、中国古典……。

このような、**時代を超えて生き残ってきた先人の考え方のなかには、いつまでも変わらない普遍的な真理があります。**そうしたものに触れ続けていれば、難解な問題が出てきたときに答えやヒントが見つかるし、自分の生き方も見つめ直せる、と私は考えています。

社会人になると、何か本を読むときは、自分の専門分野に関わるものやビジネス書といった、すぐに使えるようなものになりがちです。

しかし、即効性は低くても、思考の太い軸になるような本を読むことも心がけましょう。

まずは歴史小説からでもＯＫ

もっとも、いきなり哲学書を読めといっても、とっつきにくいので長続きしません。

私がおすすめするのは、比較的ハードルの低い**「歴史小説」や「自伝」「コミック」などからスタートし、その後にジャンルの幅を広げる、名付けて「派生読み」**です。

たとえば、私は、司馬遼太郎の一連の作品や、塩野七生の『ローマ人の物語』などを読んでいます。また、中国に行ったときは、毛沢東の伝記や『三国志』、清朝の中国を扱った浅田次郎の小説『蒼穹の昴』を読みました。

こうした歴史小説や自伝などを読んでいると、そこから派生して、古典や哲学書などに興味が飛び火していきます。

たとえば、『ローマ人の物語』から派生して、カエサルの『ガリア戦記』を読みましたし、ローマの五賢帝の1人である、マルクス・アウレリウス・アントニヌスの哲学書『自省録』も読みました。いきなり『自省録』ではハードルが高いですが、『ローマ人の物語』を読んでいたことで、抵抗なく読めたというわけです。

過去と現在には、必ず相通ずるものがある

もちろん、歴史小説そのものから、学ぶことも多くあります。

たとえば『ローマ人の物語』では、ローマは王政から始まり、元老院制になり、皇帝が出てきて、最後はキリスト教に飲み込まれる……という経緯をたどるわけですが、これは多くの歴史ある会社がたどる変遷と似ていると思うのです。**ローマの歴史を知っていれば、会社が続くためのポイントや、問題はどこから生じるか、が連想できる**わけですね。

日本人初のノーベル賞受賞者の湯川秀樹博士が、「自分は物理学をしているけれども、突き詰めると結局、物理学も文学も農学も芸術も同じところに行きつく」という趣旨の言葉を残しています。**分野が違っても、原理原則の部分は、相通ずるものがある**わけです。

人間関係の構築にも役立つ

こうして、古典や歴史小説などを読むうちに、自然と教養が身についてきます。

すると物の見え方も変わってきますし、さまざまな実務の場面でも役に立ちます。

とくに、役職の高い方のなかには、教養がないとわからない話をあえて差し込んでくる人がいます。それについていくと、少しハードルが下がるのを感じます。

たとえば、私の話ですが、以前のオフィスはお客様向けのミーティングルームに、世界各国の都市の名前がつけられていました。

ある省庁の課長をオフィスにお招きしたとき、「それでは、ローマにご案内します」と言うと、その方は「ローマは一日にしてならず、か」とつぶやきながら、入室されました。

それを聞いた私はすかさず、入り口のところで「このあたりには、ルビコン川が流れております」と、返しました。すると、ニヤッと笑いながら気を良くされ、その後の打ち合わせも捗りました。

このように、**人間関係を築くという意味でも、教養は身につけて損はない**と思います。

04

3年経ったらコンフォートゾーンと考える

成長し続けるためには、**「自分をコンフォートゾーンに置き続けないこと」**も大切です。コンフォートゾーンとは、ひと言でいえば、「自分にとって居心地の良い環境」のこと。

就職や転職をした直後は、誰でも慣れない環境で、慣れない仕事に四苦八苦します。仕事の勘所がわからないので、とにかく手間がかかり、いつも余裕がない。人間関係も、周囲の人のキャラクターもよくわからないので、常に気を使っている状態です。

しかし、仕事をするうちに、環境に慣れ、仕事ができるようになります。すると、業績もついてきて、周囲からの評価も高まり、新たな出会いや仕事にも恵まれ、順風満帆——。こうなると、ノルマなどのプレッシャーはあっても、先行きが見えない不安感はなく、コンスタントに良い成績が出せるようになります。すると、精神的にはかなり楽になってきます。このような居心地の良い状況が「コンフォートゾーン」です。

コンフォートゾーンにいると、成長が止まる

ほめられて、日々楽しく、報酬や社会的地位もついてくる……。誰でも、居心地の良い「コンフォートゾーン」に身を置き続けたいことでしょう。

しかし、自分の成長という面から見ると、**このゾーンにいるのは、実は非常に危険です。新たなチャレンジをしなくなるから**です。

人は、図4－2のように、居心地が悪く、不安やストレスのある**「ストレッチゾーン」**にいるときが最も成長します。新たなチャレンジをして、そうした環境に身を置かないと、成長はストップしてしまいます。

それに気づかずに、10年、20年と時が経ち、突然、異動や、会社の買収・合併、競争相手の登場などといった環境変化が起こったら……。あれほど自分は仕事ができると思って

いたのに、まるで仕事ができない人間になることも珍しくありません。自信満々だったのに、数カ月後には露頭に迷っている、なんてことになっても不思議ではないでしょう。

目安としては、**3年間、まったく同じ環境のなかで仕事をしていたら、あなたはもうコンフォートゾーンにいると考えたほうが良い**でしょう。

過去の遺産と人間関係で仕事が流せるようになったときが、最も危険な状態です。

ストレッチゾーンに身を置くチャレンジを

自分がコンフォートゾーンにいると自覚したら、意識して自分の身を「ストレッチゾーン」に置くチャレンジをしましょう。たとえば、

・社内の新たな仕事を見つけて環境を変える
・社外で学習する機会をつくる
・副業を始める

図4-2 **学習者の3つのゾーン**

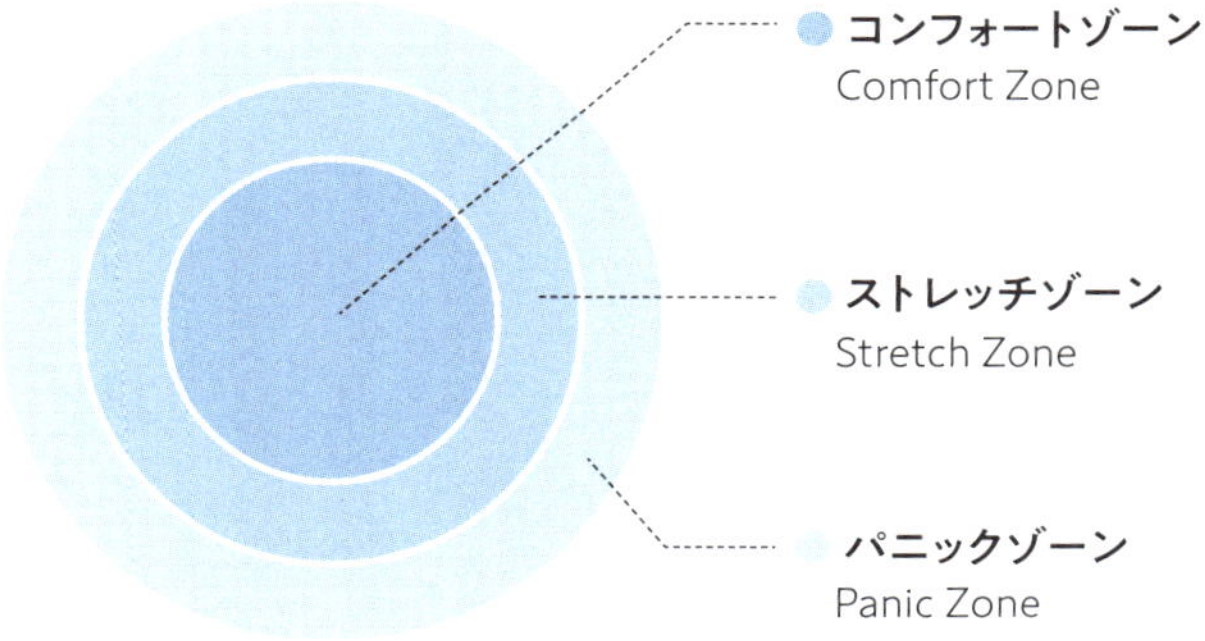

・新たなコミュニティに身を置く

といったようなことです。また、安易にはおすすめできませんが、「転職」も環境を変えるための大きな手段です。

ここで注意したいのは、会社主導の**「定期異動」**。これは、会社というコンフォートゾーンのなかでの受け身の動きなので、チャレンジとはなりません。

ポイントは、**「自発的に」ストレッチゾーンにチャレンジする**ことなのです。自ら意図して「ストレッチゾーン」に身を置けば、再び成長することができるはずです。

05

教える立場を経験してみる

前項で「コンフォートゾーン」と「ストレッチゾーン」についてお話ししましたが、自分を「ストレッチゾーン」に置くおすすめの方法が、もう1つあります。

それは、**「人に何かを教える立場になる」**ことです。

私は、グロービス経営大学院の客員准教授として講義をしているのですが、自分をストレッチゾーンに置く上で、実に貴重な経験だと実感しています。

教壇に立ってみて痛感したのは、相手に伝えることの難しさです。初期の頃は、主に部長クラスの人が受講生だったので、思ったよりも楽でした。相手に経験があるので、抽象度や難易度を少し高めに伝えても、「ああ、あれね」とわかってくれるのです。

難しかったのは、20代後半から30代前半の受講生が多かった講義です。

同じことを言っても、ポカーンとされてしまうのですね。

ショックを受けるのは貴重な経験

内容が伝わらなければ、満足度が下がりますから、容赦なくシビアな評価がつけられます。思った以上に低い点数を見てショックを受け、寝られなかったこともあります。しかし、厳しい評価を受けた後、他責にせず「次はこうしてみよう」と改善を繰り返すことで、教壇に立つ前より、明らかに成長していると感じます。

ある程度の肩書きがつくと、人からとやかく言われなくなり、知らず知らずのうちに天狗になってきます。しかし、それまでの**経験や実績とは無関係の新しい環境で新たな顧客の面前に立つと、容赦なく批判を受けるので、天狗になっている暇なんてない、**というわけです。私の場合は、この受講者の方々が、刺激を与えてくれた「新たな顧客」でした。

目先だけを見れば辛い体験ですが、長い目で見れば、**批判される経験がないほうが、むしろ危険**だと感じます。ぜひ皆さんも、教えることに挑戦してみてください。

06
自分は自分の応援団であれ

成長したいなら、「コンフォートゾーン」から抜け出し、「ストレッチゾーン」へ。

誰からも批判されないぬるま湯の環境ではなく、厳しい環境に身を置こう——。

先ほどそんな話をしましたが、自分に厳しくしさえすれば良いかというと、必ずしもそうではない、と私は考えています。


というのは、**ストレッチゾーンに身を置くと、うまくいかないことが必ず増えます**。

そんなとき、自分に厳しくし過ぎると、「なんでこんなことができないんだ」「俺はダメな人間だ」などと、自分にダメ出ししがちです。


しかし、それがカンフル剤になるかというと、ほとんどの場合は逆効果。ますます落ちこんでしまうことが多いと思うのです。

これは、ストレッチゾーンから**「パニックゾーン」**へ飛び出してしまっている状態です。

人間は、このパニックゾーンにいても、コンフォートゾーンと同様、成長できません。

自らを応援することで、ダメ出しを前向きに受け止められる

だから、批判を受け過ぎたなと感じたときは、むしろ**自らの応援団となって自分を励ますべき**です。そうすることで、ダメ出しを前向きに受け止めることができ、改善する気持ちが湧いてきます。


ストレッチゾーンに身を置くと、ダメ出ししてくる人はたくさん出てきます。

私も書籍を何冊か出していますが、Amazonに書かれた書評のなかには、「そこまで言うか！」と思うほど、酷評しているものもあります。

そんなときに、自分までダメ出しをしてしまったら、立ち直れなくなってしまいます。

自分を応援できるのは、究極的には自分だけ。うまく心のバランスをとりましょう。

07

中長期的な目標を定める

本章の冒頭で、「人生100年時代」「VUCA時代」には、今まで以上に「自分が人生をかけて成し遂げたいこと」を見つけ出すのも大切だと述べました。

こうした**「中長期的な目標を定めること」**には、多くのメリットがあります。

なかでも、大きなメリットは、**目の前の仕事に対する見方が大きく変わること**です。目先だけ見れば嫌な仕事でも、中長期的な目標から考えれば、「これは経験しておいたほうが良い」と判断できることも少なくありません。

たとえば、会社に提出する煩雑《はんざつ》な書類の作成も、「将来、自分が会社を興したときに必要な書類・不必要な書類はどれだろう」と考えれば、いろいろと学べます。

視点の持ち方1つで、やる気はまったく変わってくるはずです。

内発的な目標は、モチベーションの源泉

私は、キャリアをかけて実現したいこととして、**「ホワイトカラーの生産性を向上させる」**という目標を掲げています。こう考えることで、仕事はすべて取り組むべき題材になりますし、本の執筆や社外の講演も、苦痛どころか、ぜひやりたいことになります。ですから、仕事に対するモチベーションが下がることは、ほぼありません。

また、この中長期的な目標は、「同期で一番出世する」「年収2000万円」などといった外発的な動機に基づく目標よりも、**「お金や名誉は関係なく、とにかくやってみたい」といった、内発的な動機に基づいた目標のほうが良い**でしょう。

でないと、仕事に対する判断基準が、「これをやることで出世できるのか?」「年収が増えるのか?」といった即物的な思考に偏り、結果的に長続きしないからです。

自分が心から本当に達成したいと思える中長期的な目標を持つことは、人生100年時代を送る上で、とても大切だと言えるでしょう。

08

「自分の弔辞」を考えてみる

先日、あるメガベンチャー企業の人事担当役員の方と話したとき、「今の20〜30代の社員は、『ビジョンない症候群』に陥っている人が多い」という話を聞きました。

「やりたいことや、ビジョンがない自分はダメな人間だ」と悩んでいるというのです。

私は、本章の冒頭でも述べましたが、**やりたいことが見つからなくても、悲観する必要はない**、と考えています。

『論語』に、「四十にして惑わず」という言葉があります。孔子ですら、学問を志して「惑わず」と言えたのは、40歳になってから。当時の平均寿命から考えれば、今の60〜70歳ぐらいです。今の30〜40代で見つからなくても、大したことはありません。

大切なのは、諦めずに探し続けること。ファイティングポーズを取り続けること。この姿勢を取り続けていれば、必ず何かのタイミングで、やりたいことが見つかると思います。

「自分の弔辞」から、やりたいことが見つかる

やりたいことを見つけるのは難しいことですが、見つけやすくする方法はあります。その1つが、「自分の弔辞《ちょうじ》」を考えることです。

これは私がグロービス経営大学院に通っていたときに、授業で教わった方法です。自分の子どもなどに、自分の葬式でどんな弔辞を読んでもらいたいかを考えるのですね。その弔辞の内容を見ると、自分はどんな人生を送りたいかが見えてきます。すると、そこから、「自分はこういうことを残したいんだ」と、やりたいことがわかるのです。

また、似たような方法ですが、「自分の生涯を描く映画（大河ドラマ）を撮るとしたら、どんなものが良いか」ということを考えるのも良いでしょう。

やりたいことが見つからずに悩んでいる人は、ぜひ一度試してみてください。

09

「楽しそう」だけでは仕事をしない

仕事をしていると、楽しい仕事、面白い仕事のチャンスが巡ってくることがあります。

たとえば、「海外出張に行けて、ちょっと観光もできる」「仕事で、有名なアーティストのコンサートに行けて、ライブが見られる」などと聞いたら、やってみたいですよね？


若い頃なら、何も考えずにYESと即答しても良いと思いますが、年を重ねてきたら、一旦立ち止まったほうが良い。

具体的には、**「その仕事は将来につながるのか」**を、一度考えたほうが良いと思います。

なぜなら、ベテランになればなるほど、将来につながらない仕事を受けている時間は余っていないからです。

その仕事は「楽しいけど、将来につながらない仕事」かも？

世の中の仕事には、**「楽しい仕事」**と**「楽しくない仕事」**があります。

その一方で、**「将来につながる仕事」**と**「つながらない仕事」**という基準もあります。


「楽しくて、将来につながる仕事」はぜひやるべき。

「楽しくないけど、将来につながる仕事」も、まあやるべきでしょう。

最もやりがちなのが、**「楽しいけど、将来につながらない仕事」ばかりやること**です。

とくに、ある程度自分で仕事をコントロールできる中堅〜ベテラン社員ほど、先ほどのコンフォートゾーンではないですが、この罠にハマりがちです。


一方で、「何が将来につながるかなんてわからないし、仕事の選り好みはしないほうが良い」とも言われます。

実は、私もかつてはそう思っていたのですが、ある出来事をきっかけに、「キャリアステージによっては必ずしもそうとは言えない」と考えるようになりました。

人生のピークは意外と短い

ある、10年以上続くコミュニティで、一番年下だった私が飲み会の幹事をしたときのことです。個別に声をかけ始めたら、そのなかのリーダー格の方から、「○○さんを呼ぶのをやめない？」と言われたのです。

普段、人を疎外《そがい》することをしない人だったので、意外に思い、理由をたずねたところ、

「河野君。僕もそろそろ、キャリアの折り返し地点だ。一度の飲み会だって、有意義に過ごしたい。ただでさえ仕事のポジション上、義務の飲み会が増えているし。実は今回の飲み会は、こうこうこういう理由があって、○○さん抜きでやりたいと思う。大人げないとはわかっているけど、理解してもらえないかな」

と言われたのです。

当時30歳をちょっと過ぎたぐらいだった私は、一応、頭では理解したのですが、自分が40歳を越えて、心底理解できるようになりました。

将来の時間は最も貴重なリソース

いくら人生100年時代といっても、人生のピークは限られています。その残り少ない時間をフル活用するには、1秒たりともムダにできないというわけです。

時間は、あなたにとって最も貴重な資源です。

キャリアステージ、ライフステージの段階をあがったとき、同じ時間を割くのであれば、周囲に気を使い過ぎることなく、その時点で意義が見出せるもの、自分が価値を提供できるものを、選ぶべきです。

会社の愚痴ばかりの飲み会、実質ただの飲み会になっている勉強会、行っただけで満足して、実践に結びつかないセミナー……。心当たりはありませんか？

10

身体には惜しまず投資する

自分への投資を考えたとき、頭脳への投資と同じくらい**「身体への投資」は重要です。**

人生100年時代といいますが、不摂生なことばかりしていては、寿命が縮まってしまいます。また、いつも体調が悪いと、ベストなパフォーマンスを安定して出し続けるのは難しいでしょう。

私は、比較的、健康に気を使っているほうだと思うのですが、それでも、2017年に「菊池病（組織球性壊死性リンパ節炎）」という原因不明の病気にかかり、2週間ほど寝たきりになりました。

防ぎようがなかったとはいえ、それ以来、ますます健康面への意識が高まりました。

ベストなコンディションを保つことは、社会人の義務と言っても過言ではありません。

「健康診断」には惜しまずお金を使え

では、具体的に身体にどんな投資をすべきでしょうか。

「ジムに通う」「サプリを飲む」など、いろいろと方法は考えられます。なかでも、私が最もお金をかけるべきだと思うのは、「健康診断」です。

ちゃんと欠かさずに健康診断をしておけば、危険な兆候を察知できますし、大病にかかったとしても早期に発見でき、仕事からの長期離脱を防げます。

私は、健康診断は毎年受けるのはもちろん、つけられるオプションはすべてつけるようにしています。病気にかかっていなければもったいないと思うかもしれませんが、これが一番着実で、コントローラブルな投資だと考えています。

毎晩12時までには寝る

その他に私が実践しているのは、**「睡眠時間を確保すること」**です。

私は、１日６時間は寝ないと、翌日のパフォーマンスに響くタイプです。

朝の起床時間から逆算して、**必ず12時までに寝るようにしています。**どんなに残務があろうが、よほどのことがない限り、それは変わりません。


さらに、適度な運動をすることも心がけています。大学まで部活でやっていた水泳は、36年間続けています。週１回ですが、１時間で２０００ｍ以上は泳ぎます。


それに加えて、スクワットと腕立て伏せを毎日１００回するようにしています。

これは、菊池病で寝たきりになり、歩けなくなったのを機に、リハビリで始めたのです。

ちなみに、たった２週間寝たきりになっただけで、足の筋肉が削《そ》げ落ち、手すりをつかわないと、階段を上れなくなりました。

最初はそれぞれ10回ずつしかできませんでしたが、コツコツやることで、半年後には１

00回できるようになりました。トレーニングの効果か、歩くのが速くなり、時間を効率的に使えていると感じます。

これを聞くと、「私にはとてもそんな時間はない」と思われるかもしれませんが、私の例で言えば、腕立て伏せもスクワットも1回1秒前後しかかかりません。100回やっても1分40秒。合わせても、5分かからないので、むしろ効率が良いと感じています。

運動は「将来の時間への投資」

それでも、忙しいときは運動する時間がなく、ついついサボリがちにもなります。そんなとき、私は「将来の時間への投資」だと考え、運動するようにしています。

自分をしばるのが目的ではないので、体調が悪ければ休めば良いのです。1日や2日あけても気にせず再始動する。体力や体調、今までの競技経験など、個人差はあると思います。自分にムリのない範囲で心がけることが、健康寿命を維持する秘訣だと考えています。

身体を動かしたほうが、身も心も軽くなり、仕事の効率も良くなると思いますよ。

11

過剰なストレスからは、即逃げろ

「大炎上案件の尻拭いをさせられていて、毎日クライアントから怒鳴られている」
「パワハラ上司に連日責められている」
「複数のメンバーが次々と問題を起こし、面倒を見切れない」

社会人生活を送っていれば、誰でも、一度や二度は、精神的に追い詰められたことがあるでしょう。今もその真っ只中にいて、いつ心が壊れてもおかしくないという人もいるかもしれません。

そんな人に対して、私は声を大にして言いたいと思います。

本当に辛いのなら、**一旦そこから「逃げてください」**と。

会社を辞めても良いですし、異動願いを出しても良い。物理的にその上司の机に近づかないでも、何でもかまいません。とにかく、可能な限り、公式な形で「逃げる」のです。

私も「逃げた」経験の持ち主

実は私も「逃げる」ことで、救われた経験の持ち主です。

若い頃に、まったく合わない上司に当たったことがありました。

「お前の高校時代はこうだったはずだ。だからダメなんだ」「お前は○○大学出身だからダメなんだ」と、毎日、決めつけや、今さらどうすることもできないことで、人格否定をされ続けたのです。

毎日言われ続けると、こちらも正常ではいられません。次第に「俺ってダメなのかな」と思いつめ、いつ心を病んでもおかしくない状態でした。その人の取り巻きから電話がかかってくるだけで、脈拍が上がっていたものです。

そんなとき、私は、わらにもすがる気持ちで、信頼できる人に相談しました。**そのときのアドバイスが「とにかく逃げろ」だったのです。**

戦えばますます状況は悪化するし、我慢していれば心か身体が壊れてしまう。それなら、選択肢は「逃げる」しかない。恥ずかしいことは何もない、というわけです。

幸い、その人とは限られた期間しか仕事をしなかったので、それ以降は物理的に逃げていました。その上司が立ち寄りそうなところには一切近寄らなかったぐらいです。

すると、私の心もだんだん平常心を取り戻していきました。

アドバイスをくれた方には本当に感謝しています。

「逃げたら、失業してしまう……」「心の弱いやつだと、周囲から思われるかもしれない」と心配するかもしれませんが、理不尽過ぎる環境のなかで、自分の大切な命と引き換えに守らなければいけないプライドなどありません。

メンタルが壊れてしまうと、逃げるという判断すらできなくなります。少しでも危険だと感じたら、逃げることを考えましょう。

仕事上のあなたを知っていて、信頼できる人に相談する

私の実体験にもあるように、もう1つおすすめしたいのは、「精神的に辛いと感じたら、信頼できる人に相談する」ことです。

ベストなのは直属の上司や身近な先輩ですが、そういう人たちが辛さの原因であることもよくあります。

そんなときは、過去の上司や過去のお客様といった、信頼できる人が良いでしょう。

プライベートだけの友人と違って、仕事上でのあなたを知っているので、現実味のあるアドバイスをしてくれます。

「都合の良いときだけ連絡して」と思われないように、普段から、定期的にランチなどでコミュニケーションをとっておき、相談できる関係性を築いておくことが肝要です。

12 考えを発信すれば、自然と仲間が集まる

本書ではたびたび、「ビジネスパーソンは社外のネットワークを築くことが大切」という話をしました。

ただ、不特定多数の交流会やパーティなどに足繁く参加して、できるだけ多くの人と知り合う……といったやり方は、あまり効率的ではないと考えています。

なぜなら、**興味・関心の近い人と出会わなければ、深い付き合いのできるネットワークは得られない**からです。

自分と似た価値観を持った人が集まる

自分の興味・関心の近い人と、深い関係を築く――。

そのために私が実践しているのは、**「ネットで自分の考えを発信する」**ことです。

私の場合はブログに、仕事で感じたことや読書で気づいたことなどを、最低週1回は書くようにしています。

フェイスブック、ツイッターなどのSNSでも良いでしょう。私はブログの更新情報をフェイスブックやツイッター、リンクトイン経由でも発信しています。

こうして自分の考えを発信していると、考えや人となりがわかるからか、自分と同じような価値観や問題意識を持った人や関連情報が、集まってくるようになります。自分の素顔をさらけ出すと、より反応してもらえます。

実際私も、ブログの記事を見たことがきっかけで、直接アプローチしてくれる人が出てきました。情報交換だけでなく、仕事の依頼が来たこともあります。

自分の考えを発信すると、批判をされて辛いこともありますが、それ以上のメリットが得られます。ぜひ試してみてください。

13

知人をつないでみる

社外との交流ができてきたら、次は**「知人同士をつないでみる」**ことをおすすめします。「この人とこの人が出会ったら、良い化学反応が起きるのでは？」「仕事につながるのでは？」と思ったら、能動的にひきあわせても良いでしょう。

「〇〇さんと会ってみたい」という希望に応じて、その人を紹介するのもＯＫ。

そのような実績が重なるごとに、**紹介した人との信頼関係がグンと深まります**。また、逆に誰かを紹介してもらえることもあるでしょう。

ちなみに、Eight Arrowsという私の会社のスローガンは、**Building Bridges to the Better**、何かと何かをつなげ、より良いものを創り出す橋渡しをすること。

私の場合は、「この人とこの人をつないだら、何か世の中に良い影響を与えるのではないか？」「私が実現したい世の中に近づくのでは？」など、個人的な楽しみとしてやっている面が大きいです。

「誰か探していませんか？」とたずねてみる

もし誰と誰をつないで良いのかわからなければ、「誰か会ってみたい人はいませんか？」と直接たずねてみれば良いでしょう。

普通の人は、「手間をかけてしまうかもしれない」と思ってしまい、なかなか口に出せないもの。しかし、こちらから声をかければ、すんなりと両者をつなげることができるかもしれません。あなた自身の手間はそれほどかかりません。

こうした「ビジネス仲人《なこうど》」をしたことがないという人は、試しに一度体験してみてください。見返りうんぬんは抜きにして、これこそが、マズローの欲求段階でいう、自己実現や自己超越の世界なのかもしれない、と思えることでしょう。

14

信頼されたければ我欲を消せ

社内・社外を問わず、人的ネットワークを築くためには、**「相手に信頼されること」**が最も重要だと、私は考えています。

いくら能力が高くても、信用できない人の下には、人は集まりません。

では、相手に信頼されるためには何をすべきでしょうか。

第1章では、「すぐやること」という話もしましたが、もう1つあるとすれば、**「自分のためではなく、相手のために行動すること」**ではないかと、私は思います。

「信頼の方程式」とは何か？

図4－3　信頼の方程式

$$T = \frac{C + R + I}{S}$$

T (Trust) ＝ **信頼**
C (Credibility) ＝ **信憑性**
R (Reliability) ＝ **信頼性**
I (Intimacy) ＝ **親密さ**
S (Self-orientation) ＝ **自己志向性**

出典：デービッド・マイスター他著、細谷功訳（2010）『プロフェッショナル・アドバイザー　信頼を勝ちとる方程式』

数年前に、欧米の3人のコンサルタントが書いた『プロフェッショナル・アドバイザー』という本を読んだのですが、そこにあった「信頼の方程式」は、まさに私が言いたいことと合致していました。具体的には、次のような方程式です。

信頼＝（信憑性《しんぴょうせい》＋信頼性＋親密さ）÷自己志向性

つまり、プロにとっての信頼とは、**①サービス内容の正しさ（信憑性）や、②頼りがい（信頼性）、そして③仲の良さ（親密さ）の総和で形成されている**、ということですね。

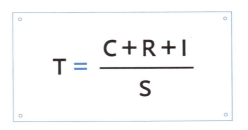

そして、忘れてはならないのは、それを④自分のため（自己志向性）ではなくクライアントのために行う、という点です。

この方程式は、自己志向性が低ければ低いほど、つまり「自分が、自分が」という姿勢をなくせばなくすほど、信頼は最大化する、ということを示しています。

逆に、いくら①〜③を積み上げても、自分の給料や地位のためにやっているのが透けて見えると、なかなか信頼は勝ち取れないと言えます。

自分の体に酒を塗らなくても良い

「自己志向性を極小化すること」を、「自己犠牲」と混同する人がいるかもしれません。

しかし、その間には明確な違いがあります。

それは、自己志向性を極小化することは「相手のことを考える」という概念ですが、決して自己志向性をゼロにしたり、マイナスにしたりすることではありません。

決して、自分を犠牲にはしていないのです。

『学問のすすめ』のなかで、福沢諭吉が、儒教の教えを集めた『二十四孝』に親孝行の良い例として書かれていた「親が蚊に刺されるといけないから、自分の体に酒を塗って、蚊に刺してもらう」という子どもの話に対して、「バカバカしい」と一笑に付していますが、私も同感です。そこまでやる必要はないと思います。

打算的かもしれませんが、自分のためよりも相手のために仕事をしながらも、**「いつか自分に何か返ってくるはず」と考えましょう**。

そのほうが、活動にムリがなくなり、長続きします。露骨に見返りを求めてはいけませんが、打算と理想の両方を追求していけば、必ず何かが返ってくるはずです。

おわりに

かれこれ15年ほど前のことです。当時、私はある大企業の人事部門で、社員のキャリア開発を支援するチームの担当者でした。

その企業では、現場の技術者のコミュニティが発達していて、数千人ものメンバーがいました。さまざまな取り組みを自主的に実行する前向きなチームでした。

あるとき、そのコミュニティで行ったアンケートに関する調査結果を携えて、問題提起に来たメンバーがいました。

彼女曰《いわ》く、『『将来のキャリアに不安があるか？』という質問に対して、約50％もの社員が『不安がある』と答えている。これは由々しき問題ではないか」と言うのです。

今の感覚からすると、「え？」と驚く方がほとんどでしょう。今のビジネスパーソンで、「将来のキャリアに不安はない」と答える人など、ほとんどいないはずです。

また、10年ちょっと前から、「ワーク・ライフ・バランス」という言葉を聞くようになりました。

この言葉は、２００７年の政府方針である「骨太の方針」にも盛り込まれ、それ以降、「働き方改革」の普及とともに広く認知されました。実際に、この考え方が広がったことは、日本企業の働き方を大きく改善する原動力になったと、私は考えています。

しかし、本書のなかでも述べたように、今、この言葉は、どちらかというと見直すべき古い言葉として、認知され始めています。

このように、社会における「当たり前」は、どんどん変化します。

この書籍の執筆を進めている数カ月の間にも、さまざまな変化がありました。

スマホだけで本１冊書いた、という人が出てきたり、量子コンピュータが商用化されたり。平成も終わりに差し掛かった今、スタートアップがどんどん存在感を増す一方、かつては盤石であった大企業のポジションも、年ごとどころか月ごとに凋落《ちょうらく》していくように感じているのは、私だけではないはずです。

そんな、文字通りＶＵＣＡの時代に、「こうあるべきではないか」という提言を発信することは、私にとってはチャレンジでした。

今、巷には、人類史上類を見ないほど、情報があふれています。

あふれた情報のなかで、人の目に止まるためには、「強い言葉」を発するのが手っ取り早い。

そのため、必要以上に攻撃的な言葉が使われたり、煽ることだけを目的にしたような表現を選んだりすることが、増えているように感じます。

私も、発信者の端くれとして、その気持ちはよくわかります。

より広く届く表現にすることで、自分の考えが本当に届けたい人のところに届くようにしたいと、私も強く思うからです。

しかし、そんななかでも、

「ちょっと待て、地に足つけて考えてみよう」

というスタンスの本があっても良いのではないか。

もちろん、それなりに迫力のある言葉を使ったり、今どきのマーケティング手法のいいとこ取りをしたりといった、工夫はするべきだと思います。

それをしながらも、本来の目的を見失わず、そして人に対する尊敬を失わず、着実かつ未来志向のメッセージを発信できたら、と強く考えて、本書を執筆しました。

「はじめに」でも述べた通り、「キホン」を確実に実行することの連続が、イノベーションの源泉であるという信念を私は持っています。本書を読み進めるうちに、キホンの大切さについては、ご理解いただけたのではないでしょうか。

時流にアンテナを張り、流行を見極めて新しい知恵を取り入れながらも、地に足のついたキホンを着実にやっていくことの大切さが伝わっていれば、望外の幸せです。

この本が完成するまでに、多くの皆様のご支援をいただきました。

まずはチームメンバー。企画を立ち上げてくださった株式会社3《スリー》の吉崎達郎さん、PHP研究所の月刊『THE21』副編集長の岸正一郎さん、同社の書籍編集の宮脇崇広さん、オフィス解体新書の杉山直隆さんに末筆ながら感謝申し上げます。

本書に関するアイデアやインスピレーション、書くためのモチベーションをくださった、共に働いてくれるメンバー、友人、家族、そして私と関わってくださっているすべての皆様に心からお礼をさせてください。ありがとうございます。

本書が、具体的に世の中の役に立ちますように。

河野英太郎

2019年2月

ブックデザイン――――峰村沙那（dig）
編集協力――――――杉山直隆（オフィス解体新書）

本書は『THE 21』2018年12月号～2019年3月号連載の「10年後も生き残るために明日からできる仕事のコツ」を元に、大幅に加筆・修正の上、1冊にまとめたものです。

〈著者略歴〉

河野英太郎（こうの・えいたろう）

日本アイ・ビー・エム㈱部長、㈱Eight Arrows代表取締役、グロービス経営大学院客員准教授。

1973年、岐阜県生まれ。東京大学文学部卒業。同大学水泳部主将。グロービス経営大学院修了（MBA）。㈱電通、アンダーセンコンサルティング㈱（現・アクセンチュア㈱）などを経て、日本アイ・ビー・エム㈱にて、コンサルティングサービス、人事部門、専務補佐、若手育成部門リーダー、サービス営業、ソフトウェア営業などを歴任。2017年に㈱Eight Arrowsを起業し、代表取締役に就任。著書に、シリーズ140万部超のベストセラーとなった『99%の人がしていない たった1%の仕事のコツ』『同リーダーのコツ』、田中ウルヴェ京氏との共著に『同メンタルのコツ』（以上、ディスカヴァー・トゥエンティワン）などがある。

本当は大切なのに誰も教えてくれない

VUCA《ブーカ》時代の仕事のキホン

2019年3月14日　第1版第1刷発行

著　者　河野英太郎

発行者　後藤淳一

発行所　株式会社PHP研究所

東京本部　〒135-8137　江東区豊洲5-6-52

第二制作部ビジネス出版課　☎03-3520-9619（編集）

普及部　☎03-3520-9630（販売）

京都本部　〒601-8411　京都市南区西九条北ノ内町11

PHP INTERFACE　https://www.php.co.jp/

組　版　有限会社エヴリ・シンク

印刷所　株式会社精興社

製本所　東京美術紙工協業組合

ISBN978-4-569-84245-5